独立日

The Road To The Independence

在读 Reading

不负大好时光

在读

Reading

01

读在大好时光

魏小河 著

生活·讀書·新知 三联书店 生活書店 出版有限公司

魏小河

男，生于江西，现居深圳。喜爱阅读，业余写作。
一条未知终点的河。

著有《独立日：用一间书房抵抗全世界》。

序：一封写给你的信

《斯蒂芬·哈珀在读什么》
作者：[加拿大] 扬·马特尔
译者：郭国良
出版社：译林出版社

亲爱的读者你好，我是魏小河。

为什么突然要给你写信呢？因为我刚刚读完《斯蒂芬·哈珀在读什么》并且大受启发。这是一本十分有趣的关于书的书，同时也是一本书信集。作者是加拿大作家扬·马特尔（他最著名的作品《少年Pi的奇幻漂流》想必你一定有所耳闻，李安曾将它改编成了电影），他从2007年开始每两周给加拿大总理斯蒂芬·哈珀写一封信推荐一本书，并随信将推荐的书寄到渥太华惠灵顿街80号——总理的宅邸。

这是一项大工程，他干了四年，从2007年到2011年，共推荐了101本书。他之所以这么干，是因为加拿大的文化艺术政策太让他失望了，他希望作为一国总理的斯蒂芬·哈珀能够懂得尊重艺术和文化，并且他认为“在错综复杂的21世纪，文学是任何一个深谋远虑、情感丰沛的人不可或缺的基本素养”，而给斯蒂芬·哈珀写信荐书，也是在为总理补课。

事实上，我觉得扬·马特尔这么做有点“作”，他在书中强调一国元首的政策和经济收入需要受到人民的监督，那么他的头脑是由哪些文学艺术品构成的也需要人民检验。这听起来很有道理，但是让一个人和盘托出自己的思想会不会有点过分？如果有人每周把一本书寄到我家，并告诉我应该读读这个，我会觉得受到冒犯。

不过这不是我应该担心的，我不是政治家，这也不是这本书的重点，除了向总理推荐书籍，这些信件也在作者的博客上发表，它同时是写给所有人的，就让加拿大总理一个人去难受吧，我们只管读书。

我在读这本书的时候，出现了一种上瘾症。想必你一定听过《一千零一夜》的故事。一千零一个夜里有一千零一个故事，这本身就是一个好故事，这是文学的美妙之处。但扬·马特尔不是在写故事，他写的是信，推荐的是书，为什么我会迫不及待地一直往下看呢？

我想可能是书信这一体裁的缘故。要知道一般的书评文章，作者会不自觉地端着架子，介绍书、评价书，煞有介事。但是书信将读者固定化了，公开发表的东西私密化了，言谈的对象也具体化了，这一前提下，推荐一本书就变得特别简单真诚，这就是我在这封信一开头说的“启发”，以及我给你写这封信的原因。

其实，我和扬·马特尔做的事有什么两样呢？我不是要抬高自己来和大作家相提并论，我想说的是，仅就在推荐好书这件事情上，我们都抱有同样的愿望，他推荐给总理，而我推荐给你。我从来不是一个批评家，没有这个能力，也没有这个志愿，我只是想在做一个读者之余，将阅读好书的体会和喜悦分享给更多的人，同时锻炼自己思考和写作的能力，这就是我的初衷，和在去吃饭的路上对朋友说起一部好电影一样自然。所以，我写信给你推荐书，不是一种很好的方式吗？由这封信开始，我也将开启这个“在读Reading”系列，这是继《独立日：用一间书房抵抗全世界》后的第二本书评集，我之后关于书的分享，也会收录在这个系列。

那么，我就回到《斯蒂芬·哈珀在读什么》上来吧。我觉得，任何一个自诩喜欢读书的人都不会错过这本书，因为喜欢读书的人都是贪婪鬼，他们四处搜寻好书，并且希望听到别人对他读过的书的评价，他们必然会在书架上给关于书的书留上一个位置。

如果你这么做了，肯定不会失望，因为扬·马特尔既真诚地为你推荐好书，同时也会展现他的有趣——通过一本书，发现一个有趣的人，是很愉快的事。关于他的有趣，可以简单举个例子，你知道这项长达四年的荐书活动从来没有得到过回音（只有几封公文式的短笺，还是由总理助理代写的），他自称这是史上最孤独的读书会，所以他经常在信里揶揄总理大人，总是时不时问一句：“你究竟是否会给我写信呢？”用个时髦的词，既萌且贱。另外他还喜欢听有声书，喜欢逛旧书店，总之你会渐渐地发现许多他关于读书的小细节，这些细节对于读书爱好者来说，会有一种知音的喜悦。

最后还要补充一点扬·马特尔的好处：诚实。他对自己喜欢的书不吝赞美，对自己不喜欢的也不讳言，他就老老实实承认不喜欢博尔赫斯，还在最后一篇透露从没读过《追忆逝水年华》，我喜欢这样诚实的人，因为我也没读过《追忆逝水年华》。

好了，这封信就写到这里吧，不知道你看完之后是否会对这个世上最孤独的读书会感兴趣。如果你喜欢我给你写的信，就请买下这本书吧！像扬·马特尔这样一直得不到回音也挺难过的吧。

魏小河

2015.2.11

目　录

第一章　读在清晨

莳花弄草，好好生活 / 003
既见君子，云胡不喜 / 007
不要背叛青春 / 012
故事本身就是高潮 / 016
这样重复无聊的生活，过够了吗？ / 020
在这本惊艳的短篇集里，你可能找不到“意义” / 024
小说中的名门正派和歪门邪道 / 029
做一个闪闪发光的神经病 / 033
关于男女，关于失去 / 037
吃的写法 / 042

第二章　读在午后

啊啊，亲了一个很长的嘴 / 049

一池深水，偷窥她的世界 / 053

失去乳房的事 / 059

虚构与现实之间的阿乙 / 063

王小波教你写情书 / 070

新闻是一种什么玩意儿？ / 074

等级，一个敏感的话题 / 078

可怕的沉默 / 082

拖延症，请放弃治疗！ / 085

“人类简史”刷新了我的三观 / 089

过去的“样儿” / 094

第三章　读在深夜

暴雨，读余秀华 / 101

打工的女孩知道，出来就回不去了 / 107

何伟的中国书写 / 113

城中村的未来 / 121

看不见的怪兽 / 128

一本忏悔书 / 132

小镇青年的来历 / 137

谁的故乡不在沦陷？ / 141

没有故乡的人，乡愁最重 / 145

其实我对死亡一无所知 / 149

死亡就是一个人从世界上消失，而世界依然存在 / 153

我们都是“海滩人” / 157

第四章　读在路上

人要任性，任性，任性 / 163

北欧原来长这样 / 168

不像游记的游记 / 173

大旅行者的时代 / 179

抬起头，克服对生活的惰性 / 184

只是这样一种生活 / 188

叛国的六十二岁间谍卡瑟尔 / 192

第五章　读在大好时光

英国女王在读什么书？ / 199

没有书店的地方，算不上一个地方 / 203

不要抱着开卷有益的野心 / 206

所以，少谈八卦多读书 / 210

小说票友 / 214

真正的爱情是很少的，一如读书 / 219

木心都是假的 / 223

不只是长短的问题 / 227

自己终究道行浅 / 231

在市井间修炼成仙 / 234

窥视作家的宅邸 / 239

请受毛姆大叔的黯然销魂掌 / 243

后记 / 249

第一章 读在清晨

清晨太美好，转瞬即逝。如果你愿意在这个时候读书，我一定不会建议读大部头。

我们将在这一章读一些短篇小说，它们很轻，随时可以拿起，随时可以放下。但同时，它们也丰富有味，形态各异，多彩多姿。不管你是要把清晨留给运动、一顿美好的早餐，还是地铁和公交，短篇小说都不会辜负你。它们将带给你崭新的一天，一些不一样的东西。这里还有一些轻松的小品，关于吃，关于莳花弄草，关于村居，关于读诗的乐趣。总之，让每一个清晨都轻盈一点，再丰富一点。

莳花弄草，好好生活

《京都山居生活》
作者：[英]维尼夏·斯坦利-史密斯 著绘
[日]梶山正 摄
译者：果露怡
出版社：新星出版社

我的童年是在一个叫作南关头的村落度过的，它位于江西北部的一处山林之间。那是我与土地最近的日子，我知道菜地里所有蔬果的名字，记得打霜、下雪和炎夏的不同感觉。我会和外婆一起去摘棉花、拔花生、采茶叶，也会和小伙伴一起去翻螃蟹、偷西瓜、捉迷藏。时光疯长，虽然我已经离开很久，但仍然记得小时候有一个梦想：要一块自己的菜地。

现在，我仍想要一个与土地近的房子，有院子，有果树，有花草。

这其实没有那么容易，要全然放弃城市生活，我一时半会儿还办不到，而想要在城里建造一个这样的居所，更是天方夜谭。所以，它还只是一个梦。

这个梦有人实现了，她是一个英国人，叫维尼夏，1950年出生在一个贵族家庭，童年在英国中北部德比郡郊区的凯德尔斯顿庄园度过。因为父母离婚，母亲又过着贵族式的生活，忙着宴会，对孩子们不亲近，所以她一直憧憬着一种简单的山居生活，有院子，和家人在一起。

20世纪60年代末，全世界的年轻人都蠢蠢欲动，各种社会运动此起彼伏，因为受披头士的影响，维尼夏也开始了一场壮阔的旅行。那时候，维尼夏与几个伙伴买了辆二手大篷车，穿越欧洲，取道土耳其，途经伊朗、阿富汗，最终到达印度。奔驰了两个多月，只为去喜马拉雅山脚恒河上游的印度教圣地哈里瓦，见一见冥想老师普仁罗华先生。这是年轻人的生命力，正如最近很红的那句，“世界那么大，我想去看看”，光想没有用，还得行动。

维尼夏在印度停留了八个月，后来她没有返回英国，而是去了更远的日本，原本只打算短暂停留，结果一住就是三十五年，并且成了家，生了孩子，拥有了自己的人生。而她的山居生活之梦，也终于实现。

1996年，她与丈夫阿正、儿子一家三口搬到了京都乡下的一处百年农居，她看到房子的第一刻，便确定“想要在这里度过一生”。这并不是一个大开大合的故事，人生的小船驶进家庭与日常生活，维尼夏过得丰富、自如并且快乐。

维尼夏的日常工作是英语教师，在工作之外，她打理着她的院子，痴迷于种植各种香草，并且还在《京都新闻》上开设了《维尼夏的大原日记》专栏，记下山居生活的点滴。后来文章集合成书，便是这本《京都山居生活》。我看她的文章，并不在文采，而是很细小的对生活的热爱，以及一种贯彻到字里行间的对待自然与生命的态度，她谦和淡然，所以不急切不焦虑。

她在这些专栏里写自己怎么用指甲花染发，怎样自制香草茶调理身心，以及如何制作手工皂；写自己对环保工作的投入，和一点一滴的生活感受；写与邻居的交往，做豆腐、酿蜂蜜。这是她生活中的本来面目，所以读来不矫饰。

我喜欢一篇写各种植物的文章，里面介绍了很多蚊虫的克星，原来对付蚂蚁可以种菊蒿、唇萼薄荷、胡椒薄荷。芳香天竺葵、蔷薇、柠檬、橘子、肉豆蔻、草莓、苹果等开着漂亮小花的清香植物则是蚊子的克星。黑蝇要用唇萼薄荷，果蝇怕罗勒，用薰衣草对付跳蚤有奇效。光是这些植物，很多人就认不全，这些虫蚁城市里也不多见，但看着她一一列举，可感到一种认真并且怡然自得的趣味，真好。

目前，维尼夏仍然生活在日本京都郊区的老房里，莳花弄草，好好生活。愿有朝一日，我也能找到这么一处山居之所。

既见君子，云胡不喜

《既见君子：过去时代的诗与人》
作者：张定浩
出版社：华东师范大学出版社

久已不读古诗。

从前是学校老师逼着，课堂上念，课后背，囫囵应付考试，并不懂诗，但觉念起来好听，早晨便经常举着课本，翻来覆去地读，终了也没有记住几首，便一径离开了课堂。

前年看王佩老师的博客里推荐金性尧《唐诗三百首新注》，下了单，企望自己多看些古诗，既然全无头绪，就从

《唐诗三百首》开始，然后一路向前，回到《诗经》。几年来，我常常把它放在床头，睡前翻上两页，可惜到底不曾用功，至今未能彻底读完全本。

说起唐诗，我还曾遇见一本好书，施蛰存先生的《唐诗百话》。一百篇文章，从初唐至晚唐，一个诗人一个诗人讲过来，有感受式的带入，也有技术性的讲解，深入浅出，入门极好。可惜还是不用功，草草一遍，后来没有再看。

我也曾打过主意去弄一本《杜诗详注》来读，就像以前雄心勃勃要看《西方文明史》、通读《鲁迅全集》一样，胃口太大，贪多嚼不烂，最后兴趣点转移，只留下一片狼藉，也只好摆摆手算了。一路下来，与古诗相关只读了一本《叶嘉莹说杜甫诗》，毕竟是老师讲课，白话文，带着你走，这才初读了几首杜甫的诗，也就此打住，没有后文了。要看的书太多，总是轮不上古诗，当然是我的错。可是一错再错，也没有改正。自己原谅自己，总是太容易。

这回看张定浩《既见君子》，才又重新回望“过去时代的诗与人”。张定浩，1976年生，安徽人，毕业于复旦大学中文系，写诗和文章，现居上海。书封上这么介绍。书是小开本，不厚，只九万字，拿在手里最是舒服。

张定浩说，这本书“不是做文学批评，也不是做考据翻案”。那是什么呢？是“安得促席，说彼平生”，是“人生迈入中途之际某种感情危机的产物”，是“一个以写诗为志业的人发觉不会写诗了之后的产物”，是“通过努力去碰触和谈论一些最优秀的古典诗人，来丰富和安定自己的生命”。

不同于上文提到的任何一本谈论古诗的书，张定浩在这里不是讲课，不是授业，而是促膝长谈，和诗人谈，和我们谈。我喜欢他这种谈论的姿势，将诗歌从课堂的殿堂里解救出来，放置到悠闲的下午时光里。

全书开篇第一句：“开始读子建，还是两年前在一家图书公司的时候，那时候也是因为在翻曾国藩。”瞧着这样的浅淡开场，教人欢喜，因为没有压力，没有包袱，便只需跟着他一路回到读曾国藩的时候，然后再一路谈到曹子建、阮嗣宗、陶渊明、谢宣城、李太白，篇幅都不长，也不追溯诗人生平，只是对着诗，对照自己，写下些许感受、体悟。说给我们听，也是说给古代的诗人，和他自己。

在《陶渊明》这篇文章的开头，他引孔子曾说，“始可与言诗已矣”，继而讲，“这句话并非文学批评许可证，孔子没有打算做高头讲章，他只是言诗，只是说，我可以读读诗给你听”。张定浩也是如此。他接着说：“或许，我也只能谈谈我自己。”果然，他在谈论诗歌的间隙，会提到童年，会提到毕业时的生活、在出版公司的日子。读诗和他的生命交融一体，谈此及彼，自然而然。

“既见君子”四个字，来源《郑风》里的《风雨》：

风雨凄凄，鸡鸣喈喈。既见君子，云胡不夷！
风雨潇潇，鸡鸣胶胶。既见君子，云胡不瘳！
风雨如晦，鸡鸣不已。既见君子，云胡不喜！

乱世之中，既见君子，云胡不喜？就是这太平盛世，经由这本小书的引渡，回到那些古代君子的身边，也要欢喜。

关于“既见君子”，张定浩写了一个关于张爱玲与胡兰成的段子，这当然是谈诗的旁逸，也是这本书里处处可见得的好。全文引在最后：

张爱玲在自己的照片背后题字送人，“见了他，她变得很低很低，低到尘埃里，但她心里是欢喜的，从尘埃里开出花来”，原只是天才好玩地化用《草虫》三章：

见了他，是“亦既见止，亦既觏止”；低到尘埃里，是初章的“我心则降”；但她心里是欢喜的，这是次章的“我心相悦”；而末章的“我心则夷”，我乱猜爱玲是不是跳跃地想到了辛夷，“涧户寂无人，纷纷开且落”，或许那便是最初从尘埃里开出的花。

她对他有既见君子的意思，而他却不懂，只是盼望所有的关系都要发生，又装懂不去问她，事后乱解释，还讲给世人听，遂成为流毒甚广的情话。

不要背叛青春

《少女哪吒》
作者：绿妖
出版社：广西师范大学出版社

一

前些日，李霄峰导演的电影《少女哪吒》上映，票房惨淡，似乎口碑也并不大好，我却很喜欢。虽然叙事上空隙太多，但风格凸显，少年的青春琐事，小镇的空气，就是这个样子。故事破碎，就让它破碎，关键是情绪和气氛。

青春电影，从《致我们终将逝去的青春》到《匆匆那年》，对青春的点染都不动人，它们满足于对于青春的缅怀，却忘记青春最宝贵的，是对这个世界的碰撞、惊奇、失望、成长。青春少年都勇敢，他们相信要诚实地活，他们相信友情、爱情，相信永恒的价值。因为相信，所以元气充沛。

真正的青春片，是悲伤的。所有的青春，都是一次死亡，或者决绝，或者不知不觉，总而言之，是逝去。这样表现青春的电影，国内实在少之又少，能立马想起来的，姜文的《阳光灿烂的日子》和顾长卫的《孔雀》，一个是金黄色，一个是青绿色；一个炽热，一个清冷，但终究都是那个年代的青春，90年代以后呢？

或许，路内的小说，可以改编改编了。

二

路内的小说，都是青春故事，20世纪90年代的工厂少年，爱情，前途，无处释放的能量。他的写作是长在时代里的，不像我们平常所说的青春文学，只有故事，没有灵魂。

灵魂哪里来？用时间熬。

真正好的青春故事，大概总不能由青春期的少年来写。阳光正好的时候，你不一定感觉到阳光，只有天阴了，才想起有太阳的日子。

维舟有一本散文集《大地上所有的河流》，写高中记忆、高中同学。这不好写，但他写得好。因为他不仅仅写高中，高中之后这些年，维舟与他们的联系，他们的变化，都被捕摄进文字中，这很重要，如果仅仅写高中时光，便会显得单薄无着，后面的种种是时间的发酵，唯如此，才有了高中时候的珍贵，才有了人生无尽不可言说的意蕴。

好的青春故事，总有一种失落感，这需要写作者本身的自觉。

三

绿妖的《少女哪吒》收录了六篇小说，大抵与青春相关，写作时间在2011年间，离她念念不忘的90年代，已经过去十年以上了。

前三篇小说，都发生在宝城——绿妖虚构的，以她的故乡为原型——这个北方小镇，大人们生活在厂里，日复一日地工作，少年们开始发现世界之外的世界，通过武术、小说和想象，《硬蛹》《少女哪吒》和《寻人启事》，写的都是青春少年对现实世界的叛逃，他们像哪吒一样义无反顾，死，或者走，毫不留恋。

回想过去，我们大概都曾一度发现了真相似的发现大人世界的虚假，发现了这个世界的无意义，我们也曾思索、迷茫，渴望挣脱。但大多数人，都顺利地度过了那段日子，长大成人。

这几篇小说是纪念，纪念那些和我们一路长大，但终于不肯再跨进这“虚假”生活的“英雄”，他们的决绝，反衬着我们的虚弱。

之后的几篇，背景不再是宝城，特别是《青春》，就真的只是一个很“青春式”的故事，反而失去了力度。

故事本身就是高潮

《万物停止生长时》
作者：赵志明
出版社：上海文艺出版社

《万物停止生长时》是赵志明的短篇小说集，收录了九篇小说，长短不一，写法不同，很有魅力。他的魅力在于叙述，倒不是那种技惊四座的叙述方式，而是一种村头老树下的故事感，就像蒋一谈在这本书的序言里所说，赵志明就像一个“说书人”，他信奉的是故事本身。

赵志明吸收了不少传统说书人的方法，娓娓道来，不着急开始，先讲讲背景，烘托烘托气氛。人物跟紧，但不局限于情节，有时候还会岔出一句和读者打个招呼，其中的内在逻辑，不重视矛盾冲突，倒很在意因果报应。

读赵志明的故事，很容易找到熟悉的感觉，我从小就是这么听外婆说故事的，并不一定要有高潮，故事本身就是高潮，而故事本身的高潮，在于传奇。要值得一传，而且要奇。

开头第一篇《渔夫和酒鬼的故事》就是一篇志怪的传奇，讲了一个打猎的和打鱼的打赌，赔上了河里一条鲇鱼精的故事。《万物停止生长时》也是传奇模式，一户人家，两个孩子。老大大概患了呆小症，长到五六岁的样子，就再也长不大了；老小则是个健康的孩子，一路长得壮实。这小弟待大哥很好，但是有一天，老大被当作小孩拐卖了，经过一番波折，最后弟弟找到了哥哥。

传奇故事，有一个习惯，末尾喜欢做一个升华的议论，讲一讲道德。《渔夫和酒鬼的故事》的结尾很好玩，以鲇鱼的角度，讲人的罪恶，殃及池鱼。《万物停止生长时》以哥哥之不变，来反衬整个乡村的巨变，最后哥哥和弟弟在笛声中，似乎回到重焕生机的小时候。《乡关何处》末尾，借坟山上的老祖宗，来了一次直抒胸臆的抒怀：乡村荒芜，传统不再。

如你所见，这本书中的故事，写的都是农村。而农村在中国文学的脉络里，自有一条隐藏的河流。似乎是鲁迅开的头，凡写到农村，农民的自私、狭隘、麻木总要被着重呈现，非如此，似乎不能深刻。

这一点，赵志明的小说里，也不少见。《头上长角的人》讲的是杨户头可怜的一生，他是王家村唯一的外姓人，六岁时误将老鼠药当糖给父亲吃了，毒死了父亲，母亲无法接受，外嫁他人。杨户头一个人慢慢长大，全村人都看不惯他，但凡他生活好一点，便预谋着使他倒霉，否则不能平自己心中一口气：这样的人，凭什么比我活得好？于是，杨户头讨了老婆，被全村男人偷情；女儿自杀，被污作是他下毒。一辈子，杨户头没有过好过。

这篇小说，叙事很有魅力，一上来，先交代杨户头的死，全村人放鞭炮庆祝，再讲杨户头生平不干好事，弑父逼母，卖妻杀女，真是罪大恶极。然后，故事从头说起，我们一早便被剧透的情节“弑父逼母，卖妻杀女”一一落实，但是在后面的叙述中，我们才发现原来杨户头一生都在被污蔑，他才是一个可怜人。

这个故事，很好看，最后还通过杨户头的一封遗书，来反证村民的恶毒。但终究，还是老话题。

其中有两篇不一样，一是《小德的假期》，一是《晚稻禾歌》。《小德的假期》写小德暑假里吊团鱼（甲鱼）的故事，好像没有什么故事，不过是一个暑假罢了，但是读着很有兴味，闻得到暑假的味道。

《晚稻禾歌》是我最喜欢的一篇。他脱离了描写农村人“劣根性”的脉络，写的仍是青年离家，老人独在农村的现状。但是这个故事，几乎不含道德寓意，或者说不明显，只是讲了一个很清淡的插秧之旅，整体明快，有一种是枝裕和电影的感觉。那一点淡淡的哀愁，也要在你读完之后，才会滑上心头。

这样重复无聊的生活，过够了吗？

《到处存在的场所，到处不存在的我》
作者：[日]村上龙
译者：张致斌
出版社：湖南文艺出版社

我原来没有读过村上龙的书，《到处存在的场所，到处不存在的我》是第一本。去年听骆以军在一次活动上提起它，产生了兴趣，那时还没有简体字版，如今拿到书，读完，确实是我喜欢的。

这是一本短篇小说集，写了八个故事，八个故事全部发生在城市中经常可见的场所，包括KTV（卡拉OK）、居酒屋、机场、便利店等，而在这些场所并没有发生什么曲折的事件，只是一个叙述者“我”的观察和回忆。

这些观察，你我都深有体会，比如登机之前，坐在位置上等待，看着面前的人，翻杂志，聊天，无所事事。或者是在便利店里排队结账，眼睛四处打量着其他人，并没有什么目的，只是在打发时间过去。或者是被请去喝喜酒，坐在酒席上一个人也不认得，一边看着新娘和新郎的动静，一边观察同桌的其他人，脑子里则想着另外的事。

这另外的事，将存在于场所中的“我”抽离，于是，就成了“到处存在的场所，到处不存在的我”，这真是一种共通的感受，只要在城市中生活过的人，一定能够懂的。因为我们都曾面对过这样的时刻——被切割的碎片时光，身处无聊的情境。

据村上龙在后记里说，“在这本短篇集里，我试图为各个出场人物刻画他们所特有的希望。不是社会的希望。是别人所无法共同拥有，只属于个人的希望”。然而，只要你读完这本书，就会发现，最大的感受绝不是希望，而是无聊，是无可奈何，是现实的麻烦和碎片。当然，也确实存在着一些微弱的希望，但更具体和大面积呈现的，是一种“事情走到了这个地步，然而却没有办法”的无力感。

这种感觉，出现在每一个故事里。《圣诞夜》里的叙述者，是一个二十七岁的女子，她所喜欢的男人正在国外，无所事事的她接过街边的传单，参加了一场陌生人举办的单身聚会，但她想着的，还是那个男人。《KTV》的叙述者，则是一位五十多岁的大叔，他在街边遇见两个年轻的女孩，和她们一起去KTV唱歌。然而坐在包房里，却突然想起十几年前刚刚工作时的朋友，想起在公交站台上准备自杀的中年男人，想起儿子不工作游手好闲，妻子兼差喝酒晚归，想起自己逃避不了的人生。

这个五十多岁的男人记起曾经的朋友跟他说过的话，那位朋友常说自己被骗了，和大家一样跑来城里工作，可是并没有什么意义。他发现自己也是一样，“虽然上了大学，在知名家电厂商的零件外包工厂上班，可是这些事情一点意义都没有”。

觉得没有意义的还有《便利店》里叙述者的哥哥，他本来是个好学生，可是突然转了性情，成了游手好闲的人，因为他发现一切按部就班，照着大人的指示生活，毫无意义。“明明才二十岁，却已经耗尽了去追寻任何目标的力气。”他告诉弟弟，世界上“真正能够作为支撑的东西就只有自己的思考能力而已。如果不到各地去看看，不阅读各种书籍，不听音乐，就不可能发展出自己的想法”。而这位弟弟也确实准备去圣地亚哥的电影学校读书，他将离开这样一筹莫展的生活，去一个新的地方，过有意义的人生。

其他的故事里，有一些人也做出了决定，正准备和重复无聊的生活告别，去追寻一点不同的东西。《机场》里，三十三岁、离婚、带着孩子的风尘女子因为看了一部电影，想要成为制作义肢的人。《居酒屋》中，在一家配送公司负责内勤的女生，决定告诉男友，自己正在画画，甚至一天会画上二十个小时，她要去法国南部一个叫阿尔的城市看看，那是凡·高居住过的城市。

在村上龙细腻描绘的文字中，每一个人都处于两种时空，虽然身体存在，看着旁边发生的事情，但思绪在乱飞。他们都是被现实困住的人，他们非常普通，普通到和你我一样。或许正是因为这样的缘故，才使得读者能够在读完故事后想到自己的生活，并开始考虑，如何在后现代的无意义生活中，保持自己的完整。

在这本惊艳的短篇集里，你可能找不到『意义』

《几乎没有记忆：莉迪亚·戴维斯小说集》
作者：[美] 莉迪亚·戴维斯
译者：吴永熹
出版社：重庆大学出版社

我的第一本书《独立日：用一间书房抵抗全世界》出版的时候，曾收到一份编辑给我的表单，里面是支持我的新书众筹者的信息，包括订单号、姓名、电话、地址以及对于书的要求，我要做的是按照这些要求为他们选书。

这很有趣，你会发现每个人的要求都不一样，大家对书的兴趣点各不相同，但同时这也很难办，因为并不是所有领域我都涉猎，所以最终我所选的书可能更接近我所推荐的，而不完全是对方所需求的。

比如有一位朋友希望得到一些小说的推荐，要求是：故事性较强，有深刻寓意，结局出人意料又在情理之中的。这本来应该是线索比较多的要求了，可尽管我努力在脑中进行搜索，还是无法找到符合的书，最后只好多多推荐了几本符合她其他要求的书。

后来我仔细想了想，这可能和我不太在意小说的故事性和寓意有关，我喜欢小说的地方，往往在于它的语言感、独创性、形式、风格和氛围，所以遇到这样的关键词，便一时无法匹配了。

说到小说，我更喜欢短篇。长篇小说如果写得好，读起来很容易陷溺其中，我虽然很满足于这种感觉，但会隐隐有种置身于其他世界的恐惧，也许我害怕回不来。短篇小说就不一样了，它们不长，阅读所花费的时间不多，进入一个故事和离开一个故事的“成本”不高，就像拥有了一扇任意门，我前脚还在北极，后脚就上了火星。

短篇小说作者更愿意尝试新的写法，用不同以往的语言、结构来组织一篇小说，用现在流行的话来说，试错成本比较低嘛，但正因为这些试验，我们会看到短篇小说的独特美感，它不能让你沉浸，但会让你惊艳。

莉迪亚·戴维斯的《几乎没有记忆》就是一本让人惊艳的短篇小说集，甚至有一些篇幅你都不好用“小说”来定义它，但肯定，它们独特，并且有魅力。

莉迪亚·戴维斯对我来说是一个陌生人，在阅读这本书之前，除了知道她的前夫是保罗·奥斯特外，对她的了解仅限于她获得的奖项，以及有人称她为“作家的作家”。

“作家的作家”这个词很微妙，一般我们会称博尔赫斯为“作家的作家”，但不会这么说村上春树，这个词语一方面是至高无上的赞颂，但另一方面往往也表示，这位作家的作品不那么好读，至少在大众读者那里不那么受欢迎。

从读者的反应来看，确实发生了这样的分裂，有人赞颂，也有人不屑一顾大呼上当。读者不喜欢莉迪亚·戴维斯的小说是因为在她的小说里找不到意义，故事和人物就那样发生了，然后默默地结束，完全没有传统叙事意义上的开头、高潮、结尾，我们读这些小说能获得什么呢？既没有体验故事的快感，又没有寓意带来的升华，就像有一位读者评论的那样：并不能否认这种写作，但是这种写作似乎就是在象征我们的匮乏。

我很认同这句评语——匮乏。但不是“似乎”，而是事实。我们已然置身于一个匮乏的世界，当科学将几乎所有的领域都照射阳光之后，故事正在丧失领地，这个世界太透亮了，而故事需要一点阴影。对于小说家来说，所有的故事几乎都被写尽了，对于现代人来说，大理想时代已经结束，我们常年生活在琐碎、无聊和无意义中。

而莉迪亚·戴维斯的小说，正是在反映这个时代。哪里还能再有一部《战争与和平》呢？作者们写不出了，也不会写了，因为世界不是那个世界，读者也不再是那些读者。故事仍然有市场，但它们找到了更多载体，电视剧、电影，小说还能干什么呢？

小说的唯一武器，是文字。阅读文字所能感受到的不仅仅是故事，还有很多东西，比如情绪、感觉、文字本身的韵律和美……文字必须用只属于文字的方式带来阅读的乐趣和满足，《几乎没有记忆》就是一本这样的书。

比如这本书的第一篇开头，她是这么写的：“我下班回到家，收到一条他的留言，说他不来了，说他很忙。我等着接他的电话，然后到九点钟时我去了他住的地方，找到了他的车，但他不在家。”

这短短两句话，出现了七个“他”字，首先在语感上，形成了一种重复的韵律，其次这也很好地表现出这篇文章的风格和意趣所在，一个女人，对于一个男人的在乎和无奈。

莉迪亚·戴维斯总是用一种迂回的语言去写作，用最少量的语言去试验语言的意义和边界，比如一篇名为《另外那个人》的超短篇是这么写的：

> 为了烦另外那个人，她改变了屋子里的这件东西，那个人确实被弄烦了所以又把它改了回去，她又改变了屋子里的另外一样东西去烦那个人，那个人被弄烦了所以又把它改了回去，然后它把发生的事原原本本告诉了其他几个人而他们觉得它很有趣，但那个人听了之后并不觉得有趣，但是这次他无法将它改回去了。

这整本书中，文体大致趋于这两个方向，一种是琐碎的有人物出现的故事，我喜欢这些篇章，因为能读到一种仿佛被压缩过的想象力，并且文字中四处游动着才华和灵气。另外一种就是各种语言的实验，像《另外那个人》。

如果你准备看莉迪亚·戴维斯，得先做好一个准备：放弃寻找意义，不要寻求懂得，而是去感受。

小说中的名门正派和歪门邪道

《说部之乱》
作者：朱岳
出版社：北京联合出版公司

如果你读过并喜欢卡尔维诺的《看不见的城市》或者博尔赫斯的任何一篇小说，那么，你一定也会喜欢朱岳的短篇小说集《说部之乱》。

就像书中第一篇小说《原路追踪》所谈到的一样，读书是有线索的，写作也是。

即使是文学这么一个人人都进得来的领地，也有三教九流，各门各派。旧俄派，以托尔斯泰为宗；现代派，乔伊斯是大盟主。各自师承不同，招式不同，没有谁服谁。

你想想，如果你恰好从小进了少林寺，名门正派，有江湖地位，肯定瞧不上突然冒出来的各种歪门邪道。如果你师承老顽童，或者干脆是欧阳锋的徒弟，自然也看不上所谓的“名门正派”。

在中国，名门正派还是写实主义，王安忆、贾平凹、路遥、陈忠实等是大山头，80年代出现了一次文学浪潮，称为“先锋派”，本来想抢山头的，结果稀里糊涂败了，已不在江湖。当时的各位少侠，各自散去，还在写的，无门无派，成了游侠。

名门正派之外，山川府岳数不胜数。在文学大陆之外，海角之南，有一虚幻世界，流派众多，修仙、盗墓、恐怖、穿越、声势浩大，但地远势偏，终归影响不大。大陆北地，高山之巅，有科幻一派，默默耕耘数十载，终于出了一位刘慈欣大侠，自此科幻势头稍起。大陆之东，海洋之滨，生活富庶，各种商贾巨头进入武林，激起韩寒、郭敬明等一众“青春文学”，虽然名门正派看不上，但架不住钱多，也承认了他们的地位。

大陆西方，则分布着各种松散小组织，还未成气候，最有名望的乃“中间代”，因聚拢了阿乙、路内、阿丁等各位少侠，势头不错。

朱岳的《说部之乱》不在以上所有门派之内，他所宗门派为“文学幻想派”，一代宗师有博尔赫斯、卡尔维诺、科塔萨尔等，因着他们的功绩，此派在世界江湖中颇有一席之地，但传到中国，则少不了是小众中的小众了。

朱岳说：“在经世与娱乐之外，还有一种单纯为了审美的文学，它比娱乐文学严肃，但不像经世文学那样有着特别的目的性。”这大概就是“文学幻想派”的内功心法。而具体的招式，则需要把文学作为一个题材进行创作，这里没有具体的规范，各流派武学都可以借用，其中最重要的能力是想象力，当然这也看天分，如是老天爷不赏饭，瞎练也不行。

回到《原路追踪》，这篇小说很能说明“文学幻想派”的招数和好处来。故事发生在一个架空世界，有寓言的意思，也有幻想文学的路子，小说一开始，介绍背景，这个世界里只有一种植物——仙人掌，只有两种动物——灰熊和兔子。而你，是一名刀客。刀客要找其他刀客决斗，而武功高低，则看谁读的文学书比较多。除了刀客，还有巫师，巫师可以从死者的伤口看出杀人者的来历，指认他是否读过《洛丽塔》或者鲁迅。

《说部之乱》的开始则像萨拉马戈的《失明症漫记》。《失明症漫记》里，人们莫名其妙地失明了，迎来了世界末日。《说部之乱》里，人们莫名其妙地开始背诵各种文学小说中的句子，直到世界末日。这篇小说借鉴了末日小说的写法，但好玩的是想出了这么一个导致末日的点子。整本书里二十四篇小说都是这样好玩。

你看，把文学作为幻想的一个元素，这就是“文学幻想派”。这几乎是一个文学爱好者自立的门派，如果你经常读书，那么，能从这些小说中读出许多会心之处。修炼这一门派，需要精致的想象力和一颗童心。

关于这一门派的小说，有许多人表示读不懂，这很正常，因为这一门派的小说还有一个特点，它生来就不是让你读懂，而是让你惊喜的。如果你不觉得惊喜，那么，请自罚三杯“博尔赫斯”。

做一个闪闪发光的神经病

《迷走·神经》

作者：btr

出版社：新星出版社

我琢磨出一个词，叫作“精致的想象力”。怎么说呢，拥有“精致想象力”的故事不是奥特曼打怪兽，或者世界末日死神来了。它们占地面积不大，但轻巧灵动，装得下一个世界，就像一块琥珀，或者机械手表。

卡尔维诺的《看不见的城市》是个好例子，在那本以马可·波罗的口吻开列各色城市清单的书中，并没有什么人物、情节、戏剧高潮，重点在那一个个虚构的城市，它们形式各异，但令人着迷，它们不服务于故事，没有道德教化的功能，它们是想象力的游戏，这种游戏本身即是愉悦。

阿根廷作家胡里奥·科塔萨尔的《克罗诺皮奥与法玛的故事》也属于此列，在这本顽皮的短篇集里，作家将许多诸如上楼梯或哭泣这样的小事进行了陌生化处理，他开列各种指南，讲述各种莫名其妙却煞有介事的故事。现实在他的笔下被捣得七零八落，从而变得恍惚且迷人。

这几天，我发现了一本同样拥有“精致想象力”的小书，叫《迷走·神经》。这回作者不是外国人，而是生活在上海的btr。这本书分为两个部分，如书名所示，一为迷走，一为神经。“迷走”是btr的各种画，用常见的水彩笔，不是古典艺术，也不是现代画派，倒更像是一幅幅海报，有趣，充满天真；“神经”包含八十九则故事，每一个故事都不超过一千字，但它们闪亮，你会被惊吓，被逗乐，被迷惑。

在某些故事里，btr放大了我们忽略的细节，比如《事故》写的是足球场中央的一朵小花，它被飞来的球碾压了，谁都没有注意；比如《巨响》将目光放在了地铁站一对接吻的情侣，他们一直吻，一直吻，直到巨响把他们分开；

比如《刷牙》一路探讨关于刷牙的种种，刷牙的风险，刷牙的声音。

在另一些故事里，btr制造了许多离奇的事件。比如《爆米花》里有一个女孩，她的头上长出一朵玉米色的花，连着她的后脑勺，她给它取了个名字叫爆米花；比如《秘密交易》里地图是被禁止的，一个年轻人秘密购得一张非洲地图，就像交易毒品；比如《存在》里一位女同事有着“时空转移”的能力，她从茶水间回到座位，只在眨眼之间。

还有一些故事，btr发现了生活本身的某些曲折与尴尬。《沉默》讲的是这样一个场景，家里的电视机没有声音，妻子和丈夫像往常一样边吃饭边看电视，但是这一次有所不同，巨大的沉默让她听见了丈夫咀嚼的声音，她从未感觉他如此陌生。

八十九个故事，八十九个盒子，装着八十九种想象的可能。在这本书的扉页，作者写道：“这个世界太糟，我们不如另造一个。”实际上，很多人都有这样的心境，现实生活疲乏、无聊，没有激情，没有活力。然而我们并没有因为不满足而去创造，btr的这本小书除了展示这些神经质的故事外，还有一个功效，那就是提醒我们，世界不止一个，生活不止一种，端看你如何看、如何活。

那么，像马良说的那样，准备好在平庸无奇的人生里，做一个闪闪发光的神经病吧！

关于男女，关于失去

《没有女人的男人们》
作者：[日]村上春树
译者：竺家荣 / 姜建强 / 岳远坤
陆求实 / 林少华 / 毛丹青
出版社：上海译文出版社

我不是村上春树迷，他的小说，只在十几岁的时候读过《挪威的森林》和《海边的卡夫卡》。那时候《挪威的森林》几乎是文艺青年或假装文艺青年的必读书，直子和绿子各有一票拥趸，讨论起来你死我活相当激烈。不过，我对此书没有太多感觉，只对其中的性爱描写特别注意。由于没有看出味道，便又找来《海边的卡夫卡》，结果发现是另一种风格，看得七荤八素晕晕乎乎，就彻底把村上君放下了，后来只偶尔读读他的随笔。

这本《没有女人的男人们》是村上春树的短篇小说集，也是我第一次读村上的短篇小说。第一感觉是，好读。除了最后两篇，阅读进行得很顺利，文字风格老少咸宜，故事老老实实讲，大面积对话推进情节，很容易一头扎进去把它看完。第二感觉是，有点轻。什么叫有点轻呢？一方面是觉得作者没使力，有些段落很松散，像一件衣服没有熨工整（当然这也许是村上一贯的风格）；另一方面，小说整体上是轻盈的，读起来很舒服。

最喜欢的是《山鲁佐德》，它被编排在《驾驶我的车》《昨天》《独立器官》之后，《木野》《恋爱中的萨姆沙》和《没有女人的男人们》之前，位置上处于七篇小说中的中间，风格上也是。

《驾驶我的车》讲的是舞台剧演员家福（六十岁左右）在妻子去世后对妻子的回忆，通过与新雇年轻女司机的聊天，越来越多的往事被诉说出来。家福与妻子在外人看来属于恩爱夫妻，但家福知道妻子至少和四位男人有过性关系，只是他没有点破。在妻子去世后，家福对这一点仍然无法释怀，他想要知道是什么原因吸引妻子需要和别的男人上床，但最终，不可能有答案，失去的就是失去了。

《昨天》讲的是一个年轻人的故事，带着淡淡的伤感。木樽和“我”是打工店里认识的，他是个奇怪的人，明明是东京人，却要学关西话（方言）；明明有一个青梅竹马的女朋友，但是却不与她发生性关系。他认为考试是浪费时间，没有复习功课，两次都落榜，最后女友也和别人在一起了。木樽就像那些美好单纯的年轻人一样，只不过在时间的洗礼下，他没有被改变。

《独立器官》又回到了中年男性的地盘。主角渡会是名五十二岁的医生，在性生活方面非常开放，同时拥有好几个性伴侣，但这一次他好像恋爱了。对方是已婚女子，他非常投入地进入了这段感情，但是最后女人没有选择他，也没有回归家庭，而是和另外一个人生活到了一起。受不了打击的渡会日渐消瘦，去世了。这篇小说的最后，村上讲了一个“独立器官”的观点，但故事还是一个颇为老旧的模式。

《山鲁佐德》是一个没有那么容易说出背景的故事。男主角羽原住在一处房子里，好像是被关起来的，不能随意外出，但是至于到底是怎么回事，作者没有说，我们也不得而知。

女主角是一位已婚的女性，没有名字，每周两三次到房子里来帮他做饭并带来必要的生活用品，然后与他做爱。做完爱，她开始讲故事，就像我们熟知的《一千零一夜》里的王妃山鲁佐德一样。

我之所以最喜欢这篇小说，是因为它有着特别迷人的气质。相比于前面三篇小说，这一篇更轻盈，并且手法上也更大胆。首先它挣脱了现实的枷锁，其中有一个故事是女主人公回忆自己上辈子是一条七鳃鳗，整篇小说都弥漫着进入巫术世界的状态。其次，这是一个故事嵌着一个故事的结构，并且在小说的结尾，有一个故事还没有讲完，它不告诉我们结尾，所以故事永远都没有结束。

后面三篇小说，《木野》《恋爱中的萨姆沙》和《没有女人的男人们》在形式和风格上更加鲜明，《木野》讲一个被劈腿男人离婚后开了一家小酒吧，后来在各地的旅馆间流浪的故事。这篇小说就是我在最前面所说的那件没有熨平的衣服，虽然有些有意思的段落，但是整体上不知所云。《恋爱中的萨姆沙》一开头就让人想起卡夫卡的《变形记》，整篇小说的气质也显得荒诞，但是没有更多了。《没有女人的男人们》则更像是作者的呓语。

就像很多人说的那样，读村上，读的就是那个氛围，这大概是没错的，村上春树最厉害的地方也许就在这里，那些失落的故事也许并不那么特别，但在他讲来，就很容易听进去。

吃的写法

《汁吃诗：给食物的情书》
作者：小宽
出版社：长江文艺出版社

朋友向我推荐了小宽，她也没说小宽哪里好，或者说了，我没记住。查豆瓣，小宽有三本书，都是写吃的。前几日得空在图书馆里闲逛，留心借了一本《汁吃诗》回来，是他最新的一本文集。

据介绍，小宽是一个1980年出生的金牛座胖子，曾经在《新京报》做美食记者，现在任某门户网站美食频道主编。他自己在书中“供认”，本来是个诗人，误打误撞成了美食专栏作家，于是一路写下去，吃下去、诗呢，终究没丢，但也没几个人知道，其实一个吃货的心里住着个诗人。

他在自序里写，“我用吃喝安身，诗歌立命”，“这本书里夹带私货，因为里面有一些诗”。但是我翻来覆去好几遍，除了写和诗人的交往，写了一篇关于海子的文章外，诗，愣是没找着。也不知道是编辑粗心给忘了，还是一种比喻，总之，这是一个传说中诗人的写食之书。

关于吃的文章数不胜数，黎戈曾总结过写吃的门派。一是文人派，代表人物有梁实秋、周作人、汪曾祺，引经据典，意趣大于实战；二是掌故派，代表人物唐鲁孙，主要长于交际，见识广，八卦多；三是吃客派，代表人物她推举蔡澜和殳俏，这类作家味蕾发达，没有文气，全靠官能的活跃；四是庖厨派，特别精细地交代采料下锅的过程，完全可以当菜谱看，比如写《下厨记》的邵宛澍；五是考据派，对饮食源流了如指掌，有学者底蕴，比如邓云乡、周绍良。

在此之外，恐怕还有以张佳玮张公子为代表的故事派，以情感带入吃食，吃的后面，是故事。以此说来，小宽或可归入吃客派，所写皆是现代人的吃，现代人的事，现代人的城市生活，时或夹杂情感故事、杂感评论，反正从吃荡开。若举一例，便是小宽的书中多写到具体的食肆，某某馆子某道菜，这就真真是生活中的现实，看完文章，下回就可找去吃的。

这样的文章不好写，因为太贴着地面了，容易沦为资讯，而少了韵味。舒国治向来是我所喜欢的，但是前几年读到他《台北小吃札记》就提不起兴趣。那一个个馆子，地址写清楚，落在实处，可是与我千里之隔，读来没有兴味。《汁吃诗》里凡涉及馆子的，都要差些，不是文字差了，而是文章先天不宜过实。

除此之外，最生龙活虎的是写人。小宽自己讲，“不断动嘴皮子，罗列入口即化，酥而不腻之类的形容词的‘舌尖写法’”，他不愿意写；“从一道菜里找典故，深挖一家馆子的历史根源，对做法吃法细细模拟的‘考古写法’”，他也不愿意写；他所愿意写的，“是吃饭的人，那些饭局上的零碎，那些人间的粮食，那些醉了又醒的酒鬼，那些飘摇的姑娘。”他写虹影，写桑格格，写大董，都见性情，读来有余味。但其实，我更爱看的反倒是他所不愿意写却还是写了的关于食物本身的文章，比如写鸡枞菌是个什么东西，怎么做；比如写河豚、写鲥鱼。

在我看来，写吃的文章忌滑宜涩，汁水太多，容易湿嗒嗒，不干爽。反而涩一些，也许味道不够刺激，颜色不够鲜艳，但可以咀嚼，可以回想，保存的时间也长一些。这方面，周作人、汪曾祺、邓云乡等，都是占了便宜的。小宽虽然吃了点亏，总归是值得闲时读读的，比殳俏更得我心。

第二章

读在午后

在这一章，我们闲一闲。

眯一会儿醒来之后，如果愿意看会儿书，我们将一起去瞧瞧日记这种私密文体，窥探一下桑塔格和郁达夫的内心。然后，如果你还愿意继续，我们会向王小波学习写情书，向徐皓峰追问武林的模样，向西西学习和癌症相处。接着，我们还会探讨房间里的大象、社会的阶级、聒噪不堪的新闻，以及似乎永远无法治愈的拖延症。

读闲书，无目的，这里看看，那里瞧瞧，不成系统，但是永远充满好奇。在这个懒洋洋的下午，给无用的书一点时间吧。

啊啊，亲了一个很长的嘴

《日记九种》
作者：郁达夫
出版社：外文出版社

有一阵乘地铁上下班，经常用手机看书。记得当时读还珠楼主《蜀山剑侠传》，轰轰烈烈好几个月，每天在剑仙的世界里穿行，满脑子道士和尚。后来读《三体》，也是入迷的状态。比较奇怪的是，那时候还读了一本郁达夫的《日记九种》。

郁达夫是个“90后”，出生于1896年，早年去日本留学，学的是医科，后来转经济学，但终究志在文学，读各种小说，自己也写。1921年，一本《沉沦》出版，名声大震，是中国现代文学史上的第一部小说集。

郁达夫的小说，晦暗、颓废、纠结、感伤，一律的暗色调，可以算是中国的“迷惘一代”。以《沉沦》为例，一方面写的是留日学生的性压抑，一方面是对于国家贫弱的苦闷，总之是很忧郁的。这一点，在日记中也一以贯之。

《日记九种》写于1926年11月至1927年7月，当时他三十岁，刚刚从广州中山大学辞职，返回上海，在友人住处偶遇王映霞，一见钟情，生出一段轰轰烈烈的恋爱。这段恋爱的产生贯穿了整本日记，同时，日记里实实在在地记下了很多读书、写作的小事，以及洗澡、下馆子、招妓等生活细节。这样的坦诚，在当时是一件热热闹闹的大事。一则，郁达夫已经是名人，二则日记里的私人事情太多，而且那时他还没有和原配孙荃离婚。总之，日记一出版，八卦小报们都沸腾了。

日记出版之后五个月，郁达夫和王映霞结婚，十二年后，这段感情以离婚告终，这里就不赘述了，本文不是讲郁达夫情史，还是来谈《日记九种》。

《日记九种》几乎满足了我们对于日记的所有想象，记事，而且是最隐秘的事。读者读此书，偷窥心理可以大大满足。不过，当然不只是偷窥而已。看日记，其实看的是人性，也是文学。郁达夫自己在《日记文学》中说过，日记“比第一人称的小说，在真实性的确立上，更有凭藉（借），更有把握”。作家对于文字是有自觉的，即使是日记，也是在创作，他们深知这一点。

从日记编排上，他便把九个月的日记分为九种，分别取了名字，如同章节，而线索，则是他与王映霞的恋情，像小说，但又比小说多了很多诸如吃饭看书喝酒的闲笔。

其实，作家写作，无外乎两种途径，一个向外，一个向内，有的人要写出整个世界的生与死、爱与恨、战争与和平，但也有如普鲁斯特这种，不断向内，再向内，将人性的细微之处反复翻检描述、冰凉、潮湿，犹如春季暴雨的午后，也美。

读这本小日记，如果不是研究郁达夫的学者，大概也没有什么用。但是，如果不求有用，应也是颇有趣味的，你会看到作为失意者的郁达夫、作为出轨男人的郁达夫、作为爱国青年的郁达夫、作为出版人的郁达夫，当然，还有作为作者的郁达夫。

郁达夫向来直露，从不扭捏作态，不端着拿着，他的文字间有烟火气、有呼吸，更可贵的是这样的坦白。自我剖析，不是那么简单的，必定要有一颗赤子之心才行，而这种赤子之心，在今天的作品里，看到的就很少了。

至于题目，如果你看过这本《日记九种》就会知道，“啊啊”是他喜欢用的叹词，每当人生失意要向老天诉苦时，便连喊两声“啊啊”。在与王映霞交往初期，亲了一个嘴便得了整个世界，在日记里得意又“傲娇”地写道：“啊啊，分别时，亲了一个很长的嘴。”

一池深水，偷窥她的世界

《重生：苏珊·桑塔格日记与笔记（1947—1963）》
《心为身役：苏珊·桑塔格日记与笔记（1964—1980）》
作者：[美]苏珊·桑塔格 著 / [美]戴维·里夫 编
译者：姚君伟
出版社：上海译文出版社

一

看一个人的日记，无疑是一种偷窥行为，即使这是一本已出版的日记，读者仍然是在偷窥。而偷窥，正是阅读日记的乐趣之一。

鲁迅在《马上日记》中写道："我本来每天写日记，是写给自己看的；大约天地间写着这样的日记的人们很不少。假使写的人成了名人，死了之后便也会印出；看的人也格外有趣味，因为他写的时候不像做《内感篇》‘外冒篇’似的须摆空架子，所以反而可以看出真的面目来。我想，这就是日记的正宗嫡派。”

阿城的《威尼斯日记》不属于正宗嫡派，那本来就是打算要出版的，所以写得整齐，好虽然好，到底隐私较少，满足不了读者的偷窥欲。

最近在读的另外两本，则是真正的日记了。两本都是苏珊·桑塔格的日记，一本《重生》，记着十四岁到三十岁间的事情；一本《心为身役》，时间跨度则从三十一岁至四十七岁。这其实还没有完，这套日记原定有三卷本，由桑塔格的儿子戴维·里夫编选，只是最后一卷还在整理中。

我对苏珊·桑塔格的第一印象是她的照片，这两本书的封面上也印着照片，黑白的，一张是她站立着把手放在脑后，眼睛看着前方，嘴角微微上扬，但是并没有笑出来；另外一张，她几乎沉入黑色的背景里，眼睛直盯着镜头，手中夹着一支香烟，冷峻，决绝。这与她的批评家、知识分子的身份颇为吻合，一个睿智、独立，甚至有些冷酷的形象。

二

苏珊·桑塔格大名鼎鼎，布罗茨基称她为“大西洋两侧最具智慧”的人物，即使在中国，一般人也知道“反对阐释”这四个字。2004年12月28日，七十一岁的桑塔格在纽约去世，有媒体颇为动情地写道：“‘美国公众的良心’停止了呼吸。”

桑塔格去世之后，她的儿子戴维·里夫做了许多工作，其中就包括编选三卷本的桑塔格日记。因为这些是真正的日记，所以记录得十分凌乱，其中既包括记事，也包括各种读书清单、购书清单、待办清单、电影清单、词语清单，以及读书笔记、写作计划和对自己的剖析，这些日记犹如一池水，混浊也充盈，不像游泳池干干净净，一望见底，它需要你自己去探索。

苏珊·桑塔格从小就有些与众不同，父亲早逝，一直在母亲的阴影下生活。她说：“我不是我母亲的孩子，我是她管的对象。”她感觉不到大人们对她的爱：“小时候我感觉被抛弃了，没人爱我。我对此作出的反应是要做得非常好。”

她以为，如果自己做得非常好，他们就会爱她了。这几乎是她独立、敏感、自恋等性格养成的前因，读到她关于母亲的文字，总是让我想到张爱玲和杜拉斯，她们的性格成长都与母亲有着重要的关系。

她确实做得很好，在十四岁的时候，已经开始阅读各种书籍，包括文学、艺术、戏剧、诗歌、哲学。在思想上，她很早熟，但是在感情上，仍然一片迷茫。

在她早年的日记中，她敏感地写下一切关于感情的困惑与痛苦，在经历了一段颇为放纵的生活后，她终于确认了性的美好，确认了自己同性恋的身份。

但是，在她还不到二十岁的时候，就瞬间结了婚，并且有了孩子。这段婚姻很不幸福，很快，生活中就充满了争吵，她在很多条日记里写下她对婚姻的看法：

> 婚姻全部的要点就是重复。它的目标最多是创造强烈的互相依赖。
>
> 争吵最后变得毫无意义，除非你总是准备吵完后就采取行动，结束婚姻。
>
> 婚姻＋整个家庭生活是一种磨炼，常被比作修道院生活。两者都磨掉个性的鲜明棱角，正如被海浪冲到一起的卵石长时间以后互相磨光滑了一样。

终于，她离开了婚姻，重新恢复自由。经历了几任女友，但是她在感情中仍然得不到幸福，总是一次次互相伤害。也许，一个在少年时没有习得爱的能力的人，终究是难以去爱的。

三

在感情覆盖的生活的另一面，作为公共知识分子，作为一个作家的桑塔格也正在长成，她不断地读书、写作、思考，她很早就清楚自己想要成为一个什么样的人，她无情地剖析自己。

她认为，把日记理解为不过是人的私人的、秘密的想法储存器——像个又聋又哑还是文盲的闺密——是肤浅的。“在日记里，我不只是较之对任何人都更加敞开心扉；我创造我自己。”她也是这么评价写作的：“我写作是为了界定我自己——一种自我创造的行为。”

一个写作的人，可以从这本日记里读到很多经验之谈，很多感同身受的秘辛。一个不写作的人，也可以从这本日记里读到一个人如何成为一个人，当然，还有散布在所有文字中的，她对于各种事情、现象的评论和看法。在这本日记里，你会看到一个伟大的作家，同时也是一个真实的人。

她说，我永远都在别人对我的看法中寻找自己的定位。即使在照片中她看起来有那么强大，但是在日记里，我们才看到了她隐藏的内心世界。这个世界，本来只是她写给自己的，现在，我们自由出入，随意观看。它不规整、凌乱、丰富。它不应该只被阅读一遍。

失去乳房的事

《哀悼乳房》
作者：西西
出版社：广西师范大学出版社

“乳房”两个字容易吸引目光，其实，这本书讲的是癌症和疾病。当然它也与乳房相关，但没有“哀艳离奇的角色与情节”，而是关于“失去乳房的事”。

1989年8月，五十一岁的西西经检查确诊患上乳腺癌，经过手术及半年治疗后，开始写这本书。

西西说，这本书“不是从一个专家的角度，而是以病人的身份，写她治疗的过程、病后的种种反省”。

病人写病，其实容易流于悲苦，但西西一点不悲苦。她自言，所谓“哀悼”，其实含有往者不谏，来者可追，而期望重生的意思。她的愿望也质朴，凡是读此书能够了解癌症，开始关心健康，留心身体发出的各种信号，便是足够。

这样讲，好像是一本科普书，没有什么味道。但不要忘了，西西毕竟是小说家，这本书终了还是文学作品，科普，也是文学进入科普。而她的文学书写，真正是纯熟动人的。

比如第一篇《泳衣》，写的是手术之后不能再游泳，是伤心和可惜。但全篇文字，没有一点哀伤的痕迹，只写泳衣，写过去怎样挑选泳衣，写浴室里的浴帘，写浴场的价格，好像随随便便的闲谈，但读着读着，你总能会意，所以花这么多工夫写泳衣，只是因为，如今不再有机会穿了。但这样直白的话，她不会说，她不说，你也会懂。

仅此一篇，就一路读下去，畅通无阻。因为西西的文字清爽干净，一点不费力，就像说话一般，但如果真正是口语，未免啰唆乏味，细看之下，她是有收有放，文字并非不讲究，只是营造出了一种轻松的氛围，这从序言便可以看出来。还不光是文字，章节架构，也是了然于胸的。

在文体上，她多做实验。有时候看着像小说，有时候又如散文，有时候变成文学评论，或者科学报告，这是作者自觉的变化，是技艺，也是俏皮的趣味。还有她经常在文章结尾处，小字标注，如果你还想看怎样怎样的文章，便跳转到某某页，有点像小时候玩的心理测试，这种游戏的心态，和书中的内容也是一脉相承的。

西西对疾病，没有恐惧，没有失控，而是平静和反省。她写如何做手术，如何吃药，如何去照X光，都好像抽开了身，从旁观者的角度去看的，她不煽情，要的是独立和智性。书中一半是文学，另一半，又像是病人自助书，讲激素是什么，讲卡路里的摄入，讲蔬菜的营养成分，这是真正可以用到的。

她说，对于这个世界，我们患了癌症的人，该做些什么？她的回答是，首先该做的还是好好地活着。而活着，便要清楚明白，清楚疫病的成因，也反省自己。其实我们可能没有发现，疾病一直是一种禁忌；其实身体早已拉响警报，而自己不曾察觉；其实我们太注重脑壳，而过分忽略身体。由己推人，推向世界，我们对正面临着地球的种种警报，是否也充耳不闻？

以上是西西智性的一面，她也有生活趣味的一面，比如去医院里做手术，还带着一包各种译本的《包法利夫人》，对照评比，等后来精力不够看书了，随身听音乐，音乐不听的时候，就看人，散步，看电影，去学太极拳，学太极剑，总之是能够自足并找到趣味的，找到一种健康的生活方式。

癌症是没有痊愈这回事的，患上癌，便要和它生活一辈子。实则，不会生活，才是我们所有人的病。

你我，是否已经病入膏肓？

虚构与现实之间的阿乙

《阳光猛烈，万物显形》
作者：阿乙
出版社：北京十月文艺出版社

阳光猛烈，万物显形。保安躲在阴暗处。卖煎饼的汗如雨下。高架桥上车水马龙。你拿着一张CT图，想到医生说，肺那里密密麻麻，阴影有点重，我们医院太小，你去大医院吧。

——《不真实感》

一

三十九岁的阿乙出版了他的第七本书《阳光猛烈，万物显形》。

收录在书本里的一百五十六篇文章，字数不等（有的几千字，有的只有几十个字），体例也各不一样，它们聚在一起，像一筐反光的玻璃碎片，每一面，都照出不同的象，但终究，拼凑到一处，是阿乙，是他的身世来历，梦境和想象，不与人说的心事和思考。

我不敢说这是小说之外的阿乙，至少，这是虚构与现实之间的阿乙。

现实一端，阿乙从县城走来。走得辛苦、绝望、孤独，终于走到了城市，走到了文学，但是，走不出来处的阴影。

二

1976年，阿乙出生于江西瑞昌县，1994年高中毕业，考入省城的公安专科学校，毕业后，成为警察，分配回老家。这是一段灰暗的日子，往日没考上大学的同学复读后远离家乡，进入重点大学，而成绩不错的自己，绕了一圈，回到原点，甚至倒退，倒退到每每写到都心有余恨——“没有一粒柏油”的洪一乡。

1997年至1999年，两年时间，他蹲守在这个偏远无聊的小乡镇，这是他的青春期，爱情不得，前途无望。这时的阿乙还叫艾国柱，这是日后小说家的史前史，是他逃脱不掉的一口深潭，里面住着深刻的无望，也有绝望里的生机。

1999年，阿乙终于被调回瑞昌县公安局办公室。县城青年分两类，一类自安，一类惶恐，阿乙属于后者，他不愿意将生命耗在重复无聊的生活中，等着一级一级地升官，大腹便便、一脸横肉，他想走。

2002年，他借着哥哥寄回来的旧电脑，开始写球评，文章陆续发表在《体坛周报》《足球报》《东方体育日报》等报纸，然后，瞒着家里人只身前往郑州面试，二十六岁的阿乙获得了一份体育记者的工作。

接着，上海、广州、北京，他一刻不停，冲了出来。

三

2004年至2008年，阿乙在媒体工作，业余写作，发在论坛里，发在博客上，像很多文艺青年一样，并不计较未来，只是没有办法不写。然而写，总有回报。2008年，在罗永浩的帮助下（当时，阿乙曾被邀请在牛博网上开博，罗永浩盛赞），阿乙出版了第一本小说集《灰故事》。

2010年春节，阿乙在老家接到一个电话，是北岛打来的。阿乙写："这是一个奇妙的时刻……我在完全的孤独状态里和什么挂上钩了。"

那一年，《今天》春季号发表了阿乙的四则短篇小说；那一年，他的第二本书《鸟，看见我了》出版；那一年，《意外杀人事件》获得人民文学中篇小说奖，他本人获得华语文学传媒大奖最具潜力新人奖。至此，阿乙走出来了，至少在现实中，是这样。

但是，看《阳光猛烈，万物显形》会发现，阿乙仍然是那个阿乙，那个焦虑、自卑、惶恐、悲观的艾国柱，他不止一次写到"农村户口"，他忘不掉，他所写作的对象，仍然是县城和小镇，那一口深潭里，他不知疲倦地打捞沉船，直至这一本书，仍然如此。

四

然而《阳光猛烈，万物显形》并不是一本往事回忆录或正统的散文随笔集。它更像是一本笔记本，或者一本忏悔录。

说它是笔记本，因为实在功能众多，既有记事、状物、场景描绘，也有小说练习，有读书看电影的札记，也有杂感和思考，甚至还有诗。

这似乎是一个厨师的后厨，你走进来，可以看到萝卜、青菜，还有珍贵的野山菌，它们原原本本待在那里，正准备被制成佳肴。

这样的原料，我喜欢《等待》一篇，很短，写一个七十多岁的老教授在某杂志创刊六十周年的聚会上走向剧场的中心，开始朗诵，朗诵到一半，门被推开，“穿着呢子料制服的死神走进来，摘下手套，坐在空荡荡的最后一排，一言不发地端详着他”。穿呢子料制服的死神，令人莞尔，却也正因为穿呢子料才使人相信，死神的等待真实不虚，转而悲凉。

除了原料，还有新菜料理的实验。其中有一篇根据《换子疑云》与“狸猫换太子”的传说改写的小说，书中收录了两个版本，一稿和二稿，可见料理的技法。

这样的技法秘籍，在读书看电影的笔记中，也有许多。写读书，海明威、福克纳、马尔克斯、毛姆、阿加莎·克里斯蒂，都是名角，但视角不同，一般读者，看书看故事情节，同行读书，看招式剑法。比如读《东方快车谋杀案》，读出侦探小说的模式，纯智力游戏，不涉及人性，不好玩，于是假设，不如倒过来编排一遍，大有意思。

看电影，也是一样。看波兰斯基《唐人街》，记录下的是私家侦探的办案技巧；看科恩兄弟《老无所依》，追究如何表现逃亡的心机。

五

对写作，他一向看得重，重到生了病。

谈到文学，“我想最终，我是它的仆人”，“始终都得在自我卖弄与自我打击之间取得一个危险的平衡”。

他总是太坦诚，扒开自己的胸膛，朝里面看，黑洞洞的深渊里，有许多许多晦暗不明的东西，一般人不写这些，或者改成别的样貌再写，但他直接呈现，所以看起来像忏悔录。

《贫瘠之地》写他的洪一乡，遇见尸体，以及两段恋情，其中对自己的软弱、自卑，毫不留情。阿乙从不惮于剖析自己，但也要小心，有时候，忏悔会上瘾。有时候，一经写下，重量反而消失。

整本书，贯穿始终的，是阿乙似乎一直绷紧的思考，你可以明显地感受到，一个精神紧张焦虑的文学青年，他还没有找到一个舒服的状态，或者，那正是他所不要的。

在这样的思考中，死亡，隐隐中成了主题。他在《敌意录》里翻来覆去地写死亡，他一再提到《茶花女》中开棺见尸的场景，美女香消玉殒，也是腐烂的尸骨，没有例外，死亡是丑陋的事情。死亡一天天来，“就像雪，一层层落在他身上”。

死亡，无处可逃，人间，极尽无聊，所谓自由，终究也不自由。现代或者后现代社会里的人，逃不出迷惘之中的焦虑和无意义。

来来去去，孙悟空与如来佛，个人与时间。

王小波教你写情书

《爱你就像爱生命》
作者：王小波
出版社：中信出版社

我在想题目要不要换成“你好哇，李银河”，因为这是我看完整本书印象最深的一句话，这也是王小波写给李银河每一封信的开头，更为整本书定下了基调：真挚、简单、直白。回想我们小时候作文课也是学过写信的，标准的题头是“×××，你好”，然后落尾来句“此致，敬礼”，最后是姓名和年、月、日。

我很少写信，因为“×××，你好”的格式，让这件事情变得复杂和郑重，直到很多年后我还是一个羞于写信的人。有一段时间，学生之间盛行笔友游戏，学校门口卖的小杂志每页页脚都有一些其他学校学生的信息：年龄、姓名、地址。你可以就这样贸然地给他或她去一封信，一个世界很可能从此打开，但我从没有这么做过，一个很重要的原因是，我认为我不会写信。

后来，我看到这本《爱你就像爱生命》，才知道，写信的本质是为了交流，才知道原来题头简单到只是“你好哇，李银河”，仍然可以传达出满满的爱意，才知道原来情书的真相并非摆弄那些佶屈聱牙的词句，说些连自己都听不懂的话，而只是诉说你自己。

当然，看这本书的时候我稍微有点不适应，因为你和我一样大概都看过王二同学的真相，看过他的那些满篇“小和尚”的小说，然而，从小说中退回来，王小波同学竟然是一个如此肉麻的情书高手，你能想得到吗?

他会写：“我把我整个的灵魂都给你，连同它的怪癖，要小脾气，忽明忽暗，一千八百种坏毛病。它真讨厌，只有一点好，爱你。”

还会写："不一定要你爱我，但是我爱你，这是我的命运。"

不过，肉麻和肉麻也是不同的，一种肉麻是恶心的肉麻，酸，比如那种天空、云朵、四十五度角、形容词大爆炸式的写法，外加谁也读不懂的诗；一种肉麻是被击中的肉麻，比如你听见一首特别的歌，看见一幅绝美的画，不知哪里漏了电，鸡皮疙瘩猝然落了一地。

肉麻是电流的表现形式，电流的发生在于真诚。

这种真诚你看郁达夫的日记也能见着，是一种把自己剖开来的写法，刀子自己备好，刀刀又准又狠，把自己打开，承认自己的缺点，承认自己的没用、懒、失败，苦恼自己的爱是否被接受，犹疑而敏感，笃定又示弱，那种心理变化在每一天的日记和每一封信中反复出现。你也是这样的，人人都如此，都会有灰暗的时刻，都会自我怀疑，然后又满怀信心，这一切也许不会有什么理由，但这就是一个真实的人。

你看见这样的文字，会看见自己，会看见，噢，原来他们和你一样，原来爱情便是如此。

当然，看这本书，还可以学到一些写情书的技巧，虽然这个世界上已经不需要情书了，但是如果你还愿意写，看看王小波是怎么做的，一定会受益不少。

第一，如上所述，撕掉外衣，赤诚以对。注意，是赤诚，不是赤裸。

第二，每一封信都要表白，变着法子的表白。当然要以第一条为原则。

第三，示弱。

第四，不要装文艺，把简单的句子写好更有帮助。

第五，偶尔一句诸如“但愿我和你，是一支唱不完的歌”会让整封信变得闪亮起来。

第六，你是真心的。

新闻是一种什么玩意儿?

《新闻的骚动》
作者：阿兰·德波顿
译者：丁维
出版社：上海译文出版社

新闻成为一个行当，并不是太久远的事情，但这种信息传播的机制，已经成为现代生活中的一个重要组成部分。我们像依赖电力一样依赖新闻，可是为什么我们要不停地检索新闻？新闻是否加重了生活的焦虑？真正理想的新闻应该是什么模样？

阿兰·德波顿在《新闻的骚动》中试图回答这些问题，

他站在受众的一边，针针见血地指出新闻的弊病与沉疴，虽然这种种骚动我们早已感受到，但被系统地书写并不多见。

在我们被信息围攻身心俱疲的当下，不妨跳出此时此刻，从更远的角度来思考新闻。

比如，我们为什么要看新闻？

阿兰·德波顿说，原因是害怕。是因为隐隐担心这个世界明天是否还会照常继续，我们看新闻，是在确认一切都好。

不过，新闻在抚慰了我们恐惧的同时，也带来了新的焦虑。在新闻越来越多，越来越泛滥的今天，“查看新闻就像把一枚海贝贴在耳边，任由全人类的咆哮将自己淹没”。

“我们很容易认为，民主政治的真正敌人一定是凌厉的新闻审查制度，因此言论自由或出版自由应该是文明的天然盟友。然而，现代世界却让我们发现，要削弱人民的政治意愿，有些理论远比新闻审查更具危害，也更加愤世嫉俗，那就是——以足够紊乱、零碎和割裂的方式讲述事件，让多数人对政治感到困惑、乏味和分神，以至当面对最重要的议题时，都没有了持续关注的能力。”

新闻正在削弱我们持续关注和思考的能力，当我们在谈论碎片化的问题时，新闻很难推卸责任。

另外一个问题，新闻总是隐蔽暗流和成因，只报道灾难和过失。“新闻从不引导我们进入思考的细微处，去关注那些让决定变得困难的真正原因，只会让我们在积聚的愤怒中认定：怠惰、愚蠢和怨恨是目前所有问题的成因——并且能够借由几个睿智的人三下五除二地解决。”

所以，在一些重大事件的新闻报道下，评论区充满了愤怒的言语，他们要求事情快速解决，但是我们只要仔细想一想就应该知道，不是每件事都能够三下五除二地搞定，而对“速度”的期待，正是新闻培养的习惯，因为新闻的要求，第一就是“快”。

在这样的大众期待中，大人物的落马可以给大众带来一时的深深的满足，但是其激发的希望却可能是种误导，因为就算最后一个贪腐的高官落网，每个国家仍然有一堆让人头疼的烂事。

阿兰·德波顿劝告，作为读者：“我们应该时刻保持怀疑的态度，警惕那些藏匿在漂亮字体中，最具权威的标题下，却也许是最彻头彻尾的愚蠢。”

除此之外，阿兰·德波顿没有放过新闻中的各种弊病，比如经济新闻中的乏味，名人新闻中的恶毒，灾难新闻中的煽情。他没有运用生硬的理论词汇，而是凭借敏锐的观察和思考，揭露出新闻中实实在在的问题和它背后的成因。

阿兰·德波顿自己说“撰写此书的工作带有乌托邦性质”，读到最后，果然不错，他对新闻没有放弃。并且，他甚至还试图探索新闻未来的方向，试图定义各种新闻应该产生的作用。比如，政治新闻应该引发我们对社会复杂构造的兴趣，帮助我们明智地点燃改革热情；国际新闻应该打开我们的视野，了解异国他乡的生活的本质；名人新闻应该引导人们学会从榜样身上汲取灵感和建议。

但我自己是悲观的，新闻和消费主义搅和在一起，商业已经接管了一切，哪里还有理想中的新闻?

倒是阿兰最后说，大家不妨尝试。“偶尔，我们应该放下新闻，把眼光转向那些拙于表达的物种：红隼和雪雁，支柱甲虫和黑面叶蝉、狐猴和儿童——关注这些无心进入人类剧情的生物，以平衡我们的担忧和自我聚焦。”

读这本揭露新闻弊病的书也许没有什么作用，新闻业不会一天内好转，但至少，作为读者，在阅读新闻的时候，可以内省，而不再轻易地被它控制。

等级，一个敏感的话题

《格调：社会等级与生活品味》
作者：[美]保罗·福塞尔
译者：梁丽真 / 乐涛 / 石涛
出版社：世界图书出版公司

即使我们已经不大用阶级斗争学说术语来强调无产阶级和资产阶级的矛盾，但是，社会的等级从未消失。

正如保罗·福塞尔在《格调》这本书里所指出的那样：“差别和分离令我们兴趣盎然，融合则令人油然生厌。”

几乎所有的地方都有等级，军队里有等级，官场里有等级，学校里有等级，饭店里有不同等级的套房，飞机上有不同等级的座位，公司里有不同等级的办公室。虽然我们宣扬人人平等，但是现实摆在眼前，人类在短时间内似乎还无法摆脱这样的社会。

等级之中，人人都在煎熬，低等级的人总是想要往更高等级的地方爬，而高等级的人也会为失去这一切而感到焦虑。

等级是一个敏感的话题，我们可以大声呼喊成功学，鼓励人们超越自己所处的阶级，但是我们不能直接谈论它，我们需要假装它不存在，才能各安其命，好好生活。

在元朝，皇帝把帝国境内的人民分为四等十级。第一等当然是蒙古人；第二等是色目人，指西域各族人和西夏人；第三等是“汉人”，指原来金统治区域的汉族和契丹、女真等族人；第四等是“南人”，包括南宋统治区域的汉族和其他各族人。在四等之中，又有十级，大致按职业属性来分：一官、二吏、三僧、四道、五医、六工、七匠、八妓、九儒、十丐。

如今，因出生或人种来区分等级的时代似乎已经过去，继承世袭头衔、地位和荣誉的体制已经消失，社会全面进入了后工业—商业时代，据此，社会等级越来越体现在金钱的持有量上，一个人拥有的金钱越多，他所处的社会地位就越高。

但也不尽然如此。保罗·福塞尔在《格调》里写道：“界定他们地位的关键因素并非只有金钱，而是他们拥有金钱的方式。作为衡量一个等级的指标，金钱的来源远比金钱的数量更有意义。”也就是说，那些遥远过去的等级制度的某些习惯，仍然保留到了现在，医生和律师这样的职业，总会比收破烂的要更有地位，即使后者可能赚得更多。

社会等级是个复杂的东西，保罗·福塞尔在《格调》中将美国的社会分为九等。他在书中对每一个阶层都做了定义和分析，并通过容貌、衣着、体重、住房、汽车、家具、消费品、谈吐和各种生活习惯与符号来分析各个等级。保罗·福塞尔带着相当大的偏见和尖刻的言论点评了每一个阶层。上层无聊，对思想毫无兴趣；中层虚荣势利，时刻焦虑着自己的地位；底层粗俗，对广告和商标怀抱敬意。

他在九个等级之外，作者另设了一个“另类”，并对这一类型赞许有加。他说：“另类是‘自我培养’的人，它们是自由职业者。如果中产阶级‘永远是别人的人’，那么另类根本不隶属于任何人。”

另类不受人管束，思想独立，举止和行为都自由自在。他们也许没有那么多钱，但是也可以算作是“没钱的贵族”。作者说：“如果说想象力贫乏、理解力有限的人竭力想钻进中上层社会，那么那些有着天赋过人的心智和洞察力的精英们，则正在奋力摆脱束缚，准备走进另类的行列。”

“另类”是本书的最后一章，保罗·福塞尔通过对各个等级的一番分析，似乎就是为了引出这样一条道路，然后号召大家，一起来做另类。

但是另类真的可以超越等级吗？如果另类是现有社会等级之外的，那么在另类中有没有自己的等级系统呢？

保罗·福塞尔没有回答。

可怕的沉默

《房间里的大象——生活中的沉默和否认》
作者：[美] 伊维塔·泽鲁巴维尔
译者：胡缠
出版社：重庆大学出版社

我们都听过“皇帝的新装”这个故事：皇帝大摇大摆地走上街头，向人们炫耀新制的华服，但实际上他什么也没有穿。大臣和群众对这不存在的衣服赞叹不已，直到一个小男孩说出了真相。听完这个故事，我们都赞扬小男孩的勇敢和天真，鄙视皇帝和大臣的愚蠢，但似乎很少讨论为什么大家对明摆着的事实一言不发。

伊维塔·泽鲁巴维尔通过《房间里的大象》这本书来讨论这个话题。“房间里的大象”是一句西方谚语，意指那些显而易见但却被大家忽略和否认的事实，就像房间里装着一只大象，人人都看得见，但没有人谈论它。我们都有过这样的经历，不论是在家庭生活还是在公众领域，某些话题被悄悄禁止。我们心照不宣，从不公开谈论。比如父亲残疾的双腿、女儿的堕胎、办公室领导的糜烂生活、一个事件的细节真相。

有时候，并没有谁明令禁止，但我们却约好了似的自动回避，这当然不仅仅来自个人的选择和行为，我们忽视或者否定什么，更多时候是遵从于社会习俗和规范。出于世故，我们也许会对某些事情进行“礼貌性的忽视”，比如面对一个残疾人，我们不会主动去谈论他的残疾，面对垂危的病人，我们都把话题往好的方向引。

当然，我们忽视一些东西，不仅仅来自社会规范，更来自政治，换言之就是权力。我们知道多少，很多情况下取决于我们的权力大小，权力使人们有能力控制传递给他们的信息数量，控制他人可关注视野的大小，划定哪些是可接受的表达，哪些不是。

泽鲁巴维尔不仅分析了“房间里的大象”这种“合谋性

沉默”的来源，更进一步剖解了合谋性沉默的危害，以及如何打破它。

合谋性沉默是一种对称关系，孩子和父母谁都不愿意主动提起和性有关的话题，孩子觉得别扭，父母也觉得不自然。在发生父亲性侵子女的家庭中，父亲沉默，孩子沉默，母亲也沉默。沉默是回避，是否认，是对真相的忽视，合谋性沉默造就了对真相的集体性否认，阻止我们面对问题和解决问题。我们选择沉默，因为我们恐惧、羞耻、尴尬、怯懦。而当沉默的人愈多，要打破沉默就越难。沉默者对真相形成了压力，打破沉默需要巨大的勇气，甚至需要为之付出沉重的代价，这一点我们身处于现在的网络环境都有体会。

更难办的是，沉默本身往往也从未被讨论，和我们公开说“此事免谈”不同，合谋性沉默对某些避而不谈的“大象”是绕开的，也就是说，避谈“大象”本身就是“大象”。

到底有没有什么能够结束这样糟糕的沉默？

打破合谋性沉默，第一点也是最重要的，就是承认“大象”的存在，不再把它当作空气。而一旦我们开始承认“大象”的存在，它们便神奇地缩小。“只有当我们不再商量好了去忽略这头所谓的大象，才能最终把它赶出房间。”

拖延症，请放弃治疗！

《拖拉一点也无妨：跟斯坦福萌教授学高效拖延术》
作者：[美] 约翰·佩里
译者：苏西
出版社：浙江大学出版社

“没事拖一拖，生活乐趣多。”

朋友，上面这句“不负责任”的话可不是我说的。我是个低调的拖延症患者，最多只会在心里默默嘀咕，不会白纸黑字写出来。写出这句话的人是斯坦福大学的哲学教授约翰·佩里，他不仅是哲学家，还是个资深拖延症患者。很多年前，他写了一篇名为《结构化拖延法》的短文，讲述他的拖延心得，引起了很多读者共鸣。从那之后，他就决定要写更多关于这一主题的文章，出一本关于拖延症的书。可是很不幸，作为拖延症患者，这一计划也被拖延了。

虽然一拖就是十五年，但好消息是，书最终总算完成了，书名是《拖拉一点也无妨》。约翰·佩里真是好人！这从书名就可以看出来，想一想，当你正在为拖延而愧疚苦恼时，看到这本书，光是书名几个字，是不是就温暖多了？

这不是“战拖”教程，而是告诉你，放弃治疗吧！拖延症就像癌症，癌细胞杀不光，你得和它相处，换句话说，你得接受你的拖延症事实。这本书没有提供太多战拖的步骤，它不是技术指导，而是心理治疗。它不是来自高效人士的训诫，而是来自拖延症患者自己的经验分享。它最重要的一点是让你爱上自己，接受自己，拖拉一点也无妨，也可以做很多事情。如果你一直处于纠结负罪的状态下，不但拖延症无法解决，还让自己活得不开心。

每一个拖延症患者都可以想一想，你是不是每一件事都没有做好呢？1995年，约翰·佩里正陷入了这样的纠结中，由于没能做成某个本该去做的项目，他觉得自己是个窝囊废。但他后来领悟到，他其实也干了不少其他的事情，教书教得学生喜欢，哲学领域建树也不少，为什么要活在内疚之中呢？于是，他写出了那篇《结构化拖延法》。

所谓“结构化拖延”，是指由于没做某些事情，从而做成了不少别的事情。每一个拖延症患者都会把必须要做的事情往后拖，结构化拖延法则正是利用这一消极特征，来做更多的事情。

这里有一个关键点：拖延不等于懒，不是两手一摊，啥事不做。拖延症有两个特点，一个是会为了拖延某事而去做别的没那么重要的事，另一个是会因为拖延而内疚。

结构化拖延法的秘诀就在于那张任务清单，清单上的事情可以很多，你可以按照上面的事项来完成，就算首要任务没有完成，但也不是什么也没做，不是吗？何况，对于首要任务，可以来点自我欺骗（拖延症都会自欺欺人），设置一些那种看似有截止日期(实际没有)和看似重要得不得了（实际并不是)的任务。关于待办事项，约翰·佩里给出的具体建议是，细化它，不仅可以包括要做的，也可以包括不做的（比如，不看电视），让我们有足够多的机会去划掉任务，你知道的，划掉已完成的任务是一件多么爽的事情。

在这本书里，除了接受拖延症并与它和平共处之外，另一个很有意思并引起我共鸣的概念是“平摊型”人士。“平摊型”人士是相对于“叠放型”人士来说的。什么叫“叠放型”人士呢？就是那种惯用文件框，让一切都井井有条的人。“叠放型”人士可以轻松地把一切存档，并在使用时调用。但“平摊型”人士则是把什么都摊在桌面上，电脑桌面全是文件，硬盘里只有一个文件夹。

约翰·佩里又要帮我们辩护了（当然，我也是平摊型的），他认为这就像左撇子和右撇子，左撇子在右撇子设立规则的世界里有情境障碍，“平摊型”人士在“叠放型”人士的世界里，也有相似障碍。所以，不要负疚感太重，其实大家各有所长。

总之，你可以把约翰·佩里的这本小书当作强词夺理或者胡说八道，但至少约翰·佩里用他幽默萌贱的文字温暖了我，让我在焦虑的时候可以接受自己。就像他也说：“结构化拖延者或许算不上最有效率的人，但是，如果能让他的想法自由飞翔，自发自动地支配时间，或许他也能完成各种各样的事情。”

最后，鼓励一下自己吧，不要活在负疚中，最重要的是：享受人生。

『人类简史』刷新了我的三观

《人类简史：从动物到上帝》
作者：[以色列] 尤瓦尔·赫拉利
译者：林俊宏
出版社：中信出版社

乘地铁，车还没到，抬头看电视屏幕，瞥见一个穿白大褂的中年男人正在讲解割双眼皮的三种方式，对面的广告牌上，一个美丽的女人骄傲地展示着整容之后的五官，大眼睛、双眼皮、尖下巴，眼神迷离，一脸茫然。

我并不想对整容做道德评价，而是想还原一个事实：我们已经生活在一个可以随意改变自己身体器官的时代。

这些广告我们早已习以为常，但是，如果你仔细想想，飘起来想，飘到外太空想，你会发现，整容所做的并不只是让人变美，而是可以改变人体结构，就像变性，一种更复杂的手术。我们已经逐渐脱离了生物学上的限制，开始朝一种科幻世界中的方向走去。

走进地铁，我从包里取出《人类简史》。之所以想到这些，正是因为当时在读这本书，它不仅赋予了我与众不同的视角，甚至刷新了我的三观。

《人类简史》是一本试图写清人类历史的书。然而，它又决然不同于我过去所读过的历史叙述，那些书本，大多把目光集中在某一朝代、某一时期，或者某一历史事件，他们写作的重点在于厘清事实。还有一些世界史、文明史，以文明为单位讲述过去，宏观概括，重点在于文明的发展与文明的互动。但是《人类简史》的作者，年轻的历史学教授尤瓦尔·赫拉利所做的工作则不同以往，他的关注点不是国家，也不是文明，而是人类，人类是怎样从一种普通的动物走向生物链的顶端，而人类又要走向何处，他试图回答这些问题。

也因此，这本书的视角非常宏大，不拘泥于一国一土，而是类似于外太空史学家，正在对人类的演化进行复盘。这样的视角，必然会得出不同的观点，以及不同的看问题的方式。而这些，正是这本书的迷人之处。它让人拿起就不想放下，并非因为史料翔实，而是它松动了你看世界的眼光。

在作者看来，人类历史的路上，有三大重要革命：大约七万年前，“认知革命”让历史正式启动；大约一万两千年前，“农业革命”让历史加速发展；五百年前，“科学革命”让历史另创新局。而这本书的内容，讲述的就是这三大革命如何改变了人类和其他生物。

令我颇感震撼的当属“认知革命”一章，因为在此之前，我只知道人类是由猿类进化而来，却并不知道早在数万年前，地球上并不只有一种人类。尼安德特人就是一种和智人（现在所有人类所属）基因类似的人类，而在认知革命后，尼安德特人，以及其他许多种人类都遭到了灭绝。罪魁祸首，当然就是智人。

认知革命到底发生了什么，让智人开始第一次加速？现在普遍理论认为，是基因突变。基因突变改变了智人大脑内部的连接方式，让他们以前所未有的方式来思考，用完全新式的语言来沟通。

而人类语言之所以与众不同，在于它不仅能够传达实物的信息，而且能够传达一些根本不存在的事物的信息。从此，有了虚构，而虚构，不只让人类能够想象，更重要的是可以“一起”想象，从而编织出种种共同的虚构故事。照作者的观点，国家、宗教、公司、资本主义、社会主义，所有这些概念其实都是虚构的，而正是因为这些虚构，使智人能够灵活合作，并且创造出“文化”。

从此之后，智人便开启了一条采用“文化演化”的快速道路，而不再停留在“基因演化”这条总是堵车的大路上。走上这条路之后，智人的能力一日千里，远远甩掉了其他所有人类和动物物种。这之后，有农业革命、科学革命，人类折腾出了许多概念，正由多种小的文化朝着单一的大文化发展而去。

在这本书里，作者不仅宏观讲述，同时也关注个体。个人的幸福状况和人类发展对生态的破坏，是他不肯放过的领域。

他的写作并非为人类的至高无上找到一个相应的解释，而是通过近于中立的立场，考察人类的发展，以及这发展所造成的影响。

从宇宙爆炸，写到人类的未来。可是，人类有未来吗？在人类逐渐开始掌握“神”的能力时，谁也无法预测未来，作者当然没有做这种蠢事，但他的叙述一路把我们送到了这里，现在，该轮到每一个读者思考人类、个人、幸福、自我价值……

作者说：“历史不像物理学或经济学，目的不在做出准确预测。我们之所以研究历史，不是为了要知道未来，而是要拓展视野，要了解现在的种种绝非‘自然’，也并非无可避免。而未来的可能性远超过我们的想象。”

这其实，不也正是我们阅读的原因吗？

过去的『样儿』

《逝去的武林》
作者：李仲轩 口述 / 徐皓峰 撰文
出版社：人民文学出版社

前日写了篇关于《一代宗师》的短文，谈到武林的规矩，便想到《逝去的武林》这本书。此书出版于2006年，由李仲轩口述，徐皓峰撰文，讲的是一些武林旧事及李老先生的武学心得。

说到武术，人人都有各自的经验，要么小时候偷偷藏过一本拳谱，要么看过不少香港电影。几乎没有一个中国人不知道在这片土地上曾经存在着一个武林，但也很少有人知道，这武林究竟长什么模样。特别是经过武侠小说的洗礼，江湖与武林，已经分不清楚。提到武功，很多人脑子里全是帅哥美女吊着威亚飞来飞去的画面，那是真正的功夫吗？

很显然，那只是文人的武侠梦。在这方面，真正的练武之人是吃亏的，笔杆子不是强项，无法发挥。现如今，武术要么变成体操，要么就近乎迷信了。《一代宗师》拨乱反正，不走徐克的飘逸武侠路线，而是近乎学术考证地挖掘武林掌故，叶问、宫二的背后，是一整个已经消失不见的武林，借由电影惊鸿一瞥。

这一瞥，在《逝去的武林》中体现得更具体、更充分。而《一代宗师》的编剧之一徐皓峰，正是《逝去的武林》一书的整理者。且说这徐皓峰，也是奇人一个，修过道，学过武，搞过美术，专业是导演，出版了《大日坛城》等武侠小说，执导了《倭寇的踪迹》等电影，还做编剧。如今在文化圈里谈武学，绕不过他。但甭管是徐皓峰的数本新武侠小说，还是编剧导演的电影，其中的关于武林的观念与知识，大多源自这本《逝去的武林》。

前面已经说过了，这本书不是徐皓峰著，而是李仲轩口述，由徐整理的。也许你没听说过李仲轩，但你只要看了《一代宗师》，便一定晓得宫宝森的师兄叫李存义，是形意拳的代表人物。李仲轩正是李存义的徒孙，年轻时拜过李存义的三个弟子唐维禄、尚云祥、薛颠为师，真正的武林中人。不过他三十四岁隐退武林，逐渐不为人知。他被发掘，是徐皓峰的功劳。李仲轩是徐皓峰的二姥爷，高中时还曾教过他一段武，2000年左右，由李口述，徐撰文，在《武魂》杂志上发表了系列忆旧文章，最后集结成册，便是这本《逝去的武林》。

《逝去的武林》虽谈往事，但不是标准的回忆录体裁，是谈天式的，一章一个话题，聊起来，谈下去，有时意犹未尽，有时也嫌重复，但总体来说是自如和真实的。全书总共分为五个部分，第一部分是李的小传，二、三、四分别是李对于唐门、尚门、薛门的一些回忆，最后一部分则是武学杂谈。

专业的练武之道我自然看不懂，但其所讲的学武经历颇为耐看，李本是大户人家的少爷，先是在乡间跟唐维禄学武，半夜在空房子里学，唐的规矩，学武不能有外人看到。后来唐推荐他给尚云祥，尚云祥那时已七十五岁，很有名气，虽是收了他，却要他发誓不收徒弟，因为怕乱了辈分，后来他果然没有收过弟子。誓言在那辈人看来，是顶天立地需要遵守的。这也是《一代宗师》里宫二为什么奉道，奉道为什么坚守一生的原因。再然后他又师从薛颠，武艺大有长进。

这里面，有一个点颇值得玩味，形意拳有两个源头，一个是奉岳飞为祖师，一个是奉达摩为祖师，尚云祥这头奉的是达摩，拜师仪式上要拜的。可形意拳明明是个道家拳，却要认禅宗的祖宗为师，岂不奇怪？说奇怪也不奇怪，因李仲轩讲了很多师傅教徒弟的段子，其方法倒颇与禅宗类似，禅宗不立文字，要身传，形意拳也相当。李仲轩说，身体是要“悟”的，光瞎练就成武呆子了，这个过程，必须要有师傅指点。

而且，这师傅与自己的关系还不能太亲密，他说：“规矩越大越能教出徒弟来，人跟人的关系一密切，就缺乏一教一学的刺激性了。拳不是讲的，要靠刺激，少了这份敏感，就什么都教不出来了。”眼睛朝外头瞅瞅，电影《炸裂鼓手》里那师徒关系，倒有几分这个意思。

学武之外，李还经常说些当年听来的武林掌故，比如谁和谁比武，怎样一招便分胜负。这一点，正是《一代宗师》所秉持的，也是徐皓峰所坚持的看法，即高手过招，一招便知，甚至不用出手，坐着聊聊天，便知道对方深浅。当然，还有类似于点穴到底怎么回事的细枝末节，这里就不一一详列了。

话说，这一本书回忆了许多武林往事，但徐皓峰其实意不在此，他曾说，这个时代最缺的就是传统中国人的“样儿”。他出的这些个书，编的这些个电影，都不仅是缅怀武林，更是在试图召回中国人传统的礼仪道德和生活方式。

不过，好像这个“样儿”是回不来了。

第三章 读在深夜

我把最重的部分，放在了这里。当全部的黑夜浸透了世界，打开一盏灯，除了书，只有你。

在这个部分，我想与你走进中国的现实，那些不被人知道的打工女孩，她们的生活和孤独。我想和你一起思索城市化的好与坏，思索乡村的荒芜，故乡的凋零，思索人们的迁徙和流动，拼搏和梦想。

我们还将走进核污染的现场，看看残酷和命运的真相，然后，直面死亡，打量它，思考它。接着，潜入记忆的海洋，进入讳莫如深的内心深处，在忏悔般的呓语中重新发现自己。

在深夜，和灵魂对话。

暴雨，读余秀华

《月光落在左手上：余秀华诗集》
作者：余秀华
出版社：广西师范大学出版社

深圳下雨了，很大的雨。我向来喜欢很大的雨，我打开灯，看书，然后看雨。如果有树，有风，会看到自然暴烈，枝丫掉落，塑料袋四处飞舞，还有呜呜的吼声。暴雨会让人看到自己的小。

这个雨天，我终于开始读余秀华。热潮已经消退，不必过度表达意见，不必扯着嗓子喊，不必因其他人的言论而说一些不必要的话，可以更放松地读一读她的诗。

《月光落在左手上》收录了二百一十九首诗，大多创作于2014年。第一首是《我爱你》，很标准的情诗，写给爱人，写给爱情。这本集子里，爱情主题的诗还有很多，这首最打动我。

全诗如下：

巴巴地活着，每天打水，煮饭，按时吃药
阳光好的时候就把自己放进去，像放一块陈皮
茶叶轮换着喝：菊花，茉莉，玫瑰，柠檬
这些美好的事物仿佛把我往春天的路上带
所以我一次次按住内心的雪
它们过于洁白过于接近春天
在干净的院子里读你的诗歌。这人间情事
恍惚如突然飞过的麻雀儿
而光阴皎洁。我不适宜肝肠寸断
如果给你寄一本书，我不会寄给你诗歌
我要给你一本关于植物，关于庄稼的
告诉你稻子和稗子的区别

告诉你一棵稗子提心吊胆的

春天

你轻轻地读，一个词语一个词语在唇齿间滑过，它们小心翼翼地表达着爱。然后诗人在最后一句放进了灰铁，又放进春天，整首诗既美丽又哀愁，既幸福又悲伤。整本诗集，所有关乎爱情的诗都是如此，既有欢欣，但转而又沉入灰色，这是余秀华的真实生命，也是许许多多投入爱情的人的共同感受。

第二首《我养的狗，叫小巫》是叙事诗，像电影一样切换着镜头，也像一篇卡佛的小说，静静诉说着灰色的人生，让人心沉。

我跛出院子的时候，它跟着

我们走过菜园，走过田埂，向北，去外婆家

我跌倒在田沟里，它摇着尾巴

我伸手过去，它把我手上的血舔干净

他喝醉了酒，他说在北京有一个女人

比我好看。没有活路的时候，他们就去跳舞

他喜欢跳舞的女人

喜欢看她们的屁股摇来摇去
他说，她们会叫床，声音好听。不像我一声不吭
还总是蒙着脸
我一声不吭地吃饭
喊“小巫，小巫”把一些肉块丢给它
它摇着尾巴，快乐地叫着
他揪着我的头发，把我往墙上磕的时候
小巫不停地摇着尾巴
对于一个不怕疼的人，他无能为力
我们走到了外婆屋后
才想起，她已经死去多年

我喜欢余秀华的叙事诗多过抒情诗，因为她狠，她用有限的词语抓住一个故事，并在简洁的场景中纳入了无穷的海水，我们看着海面上的冰山，知道海下暗涌汹汹。

《苟活》是另一首：

每天下午去割草，小巫跟着去，再跟着回来
有时候是我跟着它

它的尾巴摇来摇去
这几天都会看见对面的那个男人割麦子
见着我一脸谄笑地喊秀华姑娘
我就加快割草的速度
好几次割破了手指
这个上门女婿，妻子疯了二十年了
儿子有自闭症
他的腰上总是背着个录音机
声音大得整个村子都听得见
我的一只兔子跑到田地里，小巫去追
但是他的镰刀比狗更快
他把兔子提回去以后
小巫还在那里找了半天

非常奇特，她的诗虽然写农村生活，但一点也不土，我说的“土”是指类似于乡土小说的那种味道，那种20世纪的叙事方式……没有，一点也没有，她写院子、蛙鸣、月亮、池塘、各种树、各种花，她冲破了生活的局限，完全不是所谓的“农村诗人”。这一点很像新疆的刘亮程，这位散文作家一直书写着“黄沙梁”，他也超出了村庄，在文字里住进了一个哲学家。

整本书读下来，可以确定，这是一位有才华的诗人，并且处理的是现代生活的主题。但是也必须承认，她并非天才，诗集也没有达到首首俱佳的地步，甚至有不少地方显得重复，至少有三首诗在处理同样的主题时用了“不放当归”这四个字。

不过有一点是可以确定的，余秀华的诗越写越好，她靠的并不仅仅是天才，更是努力。这个诗人还可以写很久，我们不必过早地判定她有多么伟大或者微不足道，就让她慢慢写，我们慢慢读。

夜已深，雨还在下，窗外高速公路上的车辆往来不息。

打工的女孩知道，出来就回不去了

《打工女孩：从乡村到城市的变动中国》
作者：[美]张彤禾
译者：张坤 / 吴怡瑶
出版社：上海译文出版社

出　去

20世纪90年代，全国范围的人口流动开始加速，一批又一批来自农村、乡镇的打工者涌入沿海城市。在他们给城市带来快速经济增长的同时，乡村则逐渐荒芜，田地无人耕种，孩童无人照管，时代的旋涡正在疯狂扩大，谁也看不到水波平静的那一天。

直到现在，持续了十几年的打工浪潮仍然不歇，水涡还在旋转。

我从小便生活在这一环境中，我的父母从90年代初出外打工，在广州番禺某电子工厂流水线上工作了近十年，直到2010年才回到老家。我的舅舅、小姨、叔叔、婶婶相继去了城市，在不同的地方，做不同的营生。我童年所生活的那个村落，所有的年轻人都已外出，对于他们来说，出去，是唯一的出路。

流水线工人、保安、服务员、洗碗工、司机、建筑工人，这是他们大多数人的工作。当第一批打工者已经无法满足城市的劳动力需求时，他们的子女接替了他们的工作。在中国南方，一家几口人同在一个厂里的状况十分常见。漂泊，已经是常态。

在新闻里，在报纸上，我们总是能看见关于他们的新闻，关于农民工子女教育问题，关于农民工的生存状况问题，关于在工厂里年轻人自杀的问题。关于他们，全部都是问题。尽管新闻中少不了他们的身影，但很大程度上他们是沉默的，我们只能看到“农民工”三个字，看不到具体的一个个人，他们的生活状况，他们的快乐与哀愁。

事实上，所有从家乡出来的人，都被卷入了旋涡中，你我都一样。而在旋涡的底部，水流更急，视野更混浊，生存更艰难。

打工女孩

张彤禾的《打工女孩》将视角对准了东莞，对准了女性。在中国制造业的中心，她记录了许多女孩的个体故事，她们的青春和奋斗、孤独和彷徨。

她独自一人，走入了水涡的深处。

张彤禾是美籍华裔女性，曾任《华尔街日报》驻华记者，在中国生活了十年。2004年，她第一次来到东莞，并决定就此走入时代的旋涡，记录并书写打工女孩的故事。2004年至2009年，她每月在东莞住一到两周时间，与打工女孩交朋友，见证她们的生活。

她放弃了新闻常规的写作风格和规范，采访时不列提纲问问题，而是选择和女孩们待在一起，和她们一起见朋友，听她们吐槽，和她们一起回家过年，她以陪伴者的身份待在女孩们的周围。

在《打工女孩》里，张彤禾讲述了许多故事，最主要的是吕清敏和伍春明的故事，五年的时间，我们通过一章一章的文字，看见了吕清敏和伍春明的变化，她们又换了工作，又换了男朋友，又涨了工资，张彤禾的文字就像纪录片一般，抓取了实实在在的生活现场，结结实实的生活细节。

你可能不知道，在“流水线上的工作从早上八点持续到半夜，工作十三个小时”，并且没有周末；你可能不知道，在流水线上工作，上班不许说话，否则罚款五元；你可能不知道，在流水线上工作，上一趟厕所限制在十分钟之内，还得填表签字。

没有细节的故事是不足信的，也是不好看的。张彤禾的《打工女孩》充满了细节，并且由于她的外国人身份，感受更加敏锐，许多也许我们已经习以为常的事情，她能看出不寻常。

她自己说，“我和她们一样，背井离乡。从美国的大学毕业后，我在国外住了十五年”，也许因为同为漂泊者，她更有耐心，更能理解她们。

孤独、自由、奋斗

“生存，对打工女孩来说，是时时刻刻的眼前之事……在城里讨生活，意味着切断她们所熟悉的一切。”

孤独，是打工者的心理常态。当一个人进入一个庞大的工厂，并与过去完全切断联系时，孤独是不可避免的。更可怕的是，好不容易在宿舍里结交了好朋友，但几个月后，便有人离开，或者回家结婚，或者另去了别的地方，要在工厂里保持关系，是比登天还难的事情。

“世界上最容易的事情就是和别人失去联系”，这句话在书里至少重复了三次。在智能手机还未普及的前十年，女孩们一次次地失去联系，一次次重回孤独。慢慢的，她们不再轻易向人打开心扉。

但还是要出来，“无论他们多么留恋地回忆起乡村的童年时光，事实上，他们再也回不去了”。

张彤禾和吕清敏一起回家过年的时候，吕清敏非常兴奋，但很快，她自己意识到，家里是可以待的，只是不能待久。

当她们已经了解过城市中的自由，不必受人束缚，不必被人指点，人生掌握在自己的手上时，她们就回不去了。自由，这是城市许诺给她们的礼物，而要获取更多，则需要更艰难地拼搏和奋斗。吕清敏和伍春明都是不服输的人，在本书的结尾，吕清敏已经从流水线工人做到了文员，伍春明八年没有回家，仍在不断换工作。

在东莞，充斥着大量的教育培训机构，教礼仪，教英语，教计算机，教你如何说谎骗过面试你的人，教你如何走向成功。通过大胆地自我表达和说谎，很多女孩走到了更高处，她们不抱怨，满意自己的生活，并且勤奋，为目标奋斗。这就是旋涡的中心，她们相信“只有靠自己”。她们努力过上想要的生活。这几乎就是目下中国的缩影，所有好的坏的，都在这里，而我们都是被时代裹挟的漂泊者。

何伟的中国书写

《甲骨文：一次占卜当代中国的旅程》
作者：[美]彼得·海斯勒（何伟）
译者：卢秋莹
出版社：八旗文化

一

2011年，四十二岁的何伟离开了生活了十五年的中国，和妻子（《打工女孩》的作者张彤禾）搬去了埃及。这个有着悠久历史的古老国家，这几年正经历着举世瞩目的政治变革，他想要写一本以考古为线索、糅合古今的，关于埃及的书，正好类似于他写中国的那本《甲骨文》。

《甲骨文》是何伟“中国三部曲”的第二部，也是唯一没有简体字版的一本。

2011年，上海译文出版社出版了简体字版的《寻路中国》，这是何伟关于中国的第三本书。这本书着重叙述了在北京郊区一个叫作三岔村的村庄，和在中国南方工业小镇丽水所发生的事情，何伟长期生活在这些地方，观察并写下他所观察和经历的故事。这就是他的写作方式，一种缓慢地将时间糅合进素材的写作。这样的写作筛掉了大而无当的主题，平等地对待所有发生在眼前的事情。

甫一上市，《寻路中国》就受到关注，不仅获得诸多奖项，销量也一路看涨。紧接着2012年，出版社继续引进《江城》，这是一本关于长江边的小城涪陵的书，何伟曾在1996年以“和平队”志愿者的身份进入中国，在涪陵师专教了两年英文，这本书就是那两年生活的记录。

同样的，《江城》大受欢迎，何伟成为写作中国主题的当红外国作家，顺着何伟的影响力，上海译文继续推出非虚构纪实书籍。几乎可以说，是何伟带起了这两年国内市场对非虚构纪实图书的热情。

二

何伟本名叫彼得·海斯勒（Peter Hessler），何伟是他给自己取的中文名。他的履历很简单，1969年出生于美国宾夕法尼亚州匹兹堡，在密苏里州哥伦比亚市长大，毕业于普林斯顿大学，主修英文和写作。

1996年以“和平队”志愿者身份来到中国时，他二十七岁。志愿者服务结束之后，他并没有回到美国，而是选择了北京。1999年，他找到了一份工作——《华尔街日报》北京办事处的剪报员。工作内容是从每天堆在书桌上的外国报纸中剪下有关中国的报道，并把它们归类存档。

那时候他的月薪是一个月五百美元，住在离天安门广场不远的一处老式公寓里，没有电视，没有空调，厨房小得不能用。用时髦的话说，他是从美国来的北漂。这份剪报员工作是他第一次接触新闻，虽然他修过文学课，但并没有新闻报道的经验。

剪报的工作很轻松，他有大把的时间去街上闲晃，去观察和记录他想写的主题。一年之后，他摆脱了剪报员工作，成为一名自由撰稿人，搬到菊儿胡同。他为《纽约客》和

《国家地理》等杂志撰写稿件，产量不高，但是一个字两美金的稿费，足以支持他在中国的生活。他是当时《纽约客》驻中国的唯一特派记者，没有办公室，没有助理，仅有一张写着“纽约人”的名片。

1999年至2002年，这是何伟从教师转向自由撰稿人的三年，也是中国不曾停歇的转型中的三年，它们碰到了一起，被写进了《甲骨文》里。

三

《甲骨文》的副标题是“一次占卜当代中国的旅程”。这句话透露了不少关于本书的讯息。

首先是“占卜”，在古老的商朝，帝王的大小事情都需要进行占卜，以测凶吉。这些卜言被记录在兽骨和乌龟的背甲上，随着时间的流逝，它们和王朝一起被埋在地下，直到19世纪下半叶，才重新被发现。这些刻有文字的甲骨证明了那些只存在于传说中的历史，甲骨文被认为是中国最古老的文字。

在这本关于中国的书里，何伟花了大量章节去追寻甲骨文的故事，他去探访殷墟的考古现场，访问国内外研究甲骨文的著名学者。也许他原本想更多地了解文字对中国的影响，但这样的寻访却逐渐走向了另一个方向——他通过甲骨文，碰触到了离现在更近的历史。

他在采访中听说了陈梦家的故事，陈梦家曾经是新月派诗人，年轻时留学美国，1948年回国，研究甲骨文，但是在“文革”年代，他自杀身亡。何伟想要弄清楚，他为什么自杀。于是，关于甲骨文的采访主题变成了陈梦家的自杀之谜，而对于这个谜团的层层逼近，正是《甲骨文》整本书的重要内容。

第二个词：当代中国。这是我们熟悉的何伟，他一直在记录和书写当代中国。1999年到2002年，发生了不少大事，按时间顺序：中国驻南联盟大使馆被炸、中国南海中美撞机事件、中国申奥成功、小布什访华，还有“9·11”。

以上这些事件，何伟都参与了报道。大使馆被炸后，南京街头发生游行，当时何伟碰巧在南京为一篇文章搜集历史材料，他走在游行队伍里，听着他们喊着“打倒美帝”的口号，他采访游行的成员，记录肯德基被砸的插曲。

中国申奥的最后关头，他去探访了即将被建成体育场馆的工地，记录了许多普通百姓对奥运的态度……

何伟对大事件总有一套自己的写法，他不会正面描写事件本身，因为那已经被写得太多了，他关心的是事件与普通人的关系，他总是在捕捉这些细节，而正是这些细节，使得他的文字比新闻更具生命力。

最后一个词：旅程。现在，我们常把何伟的文字归类为纪实文学，但在另一个归类系统里，他的书，一般被定义为游记。事实上，住在中国时，他一直在四处旅行，但是他的书写截然不同于一般的游记，他待得更久，写得更深，更重要的，他所关注的重点不是名胜古迹，甚至也不是他自己，他所感兴趣的是故事和普通人。

在《甲骨文》中，他记录了一次去丹东的旅程，他在旅馆里被偷了钱包。还有一次，他在沙尘暴的天气去古长城露营，碰上了一个村庄在进行选举，然后被警察盘问了几个小时。

更多的旅行，他是有目的的，他去见人，他在涪陵所教的学生，他们散落在深圳、温州和四川等地，他们的故事，也是这本书的重要内容。

四

需要注意的是，《甲骨文》并非是单一主题的叙事，虽然所有的文字都关于中国，但毫无疑问，这是一本驳杂的书，他涵盖了太多内容，一个一个人物，一个一个故事。难就难在这里，何伟竟然把他们编织得井井有条，让过多的素材形成了丰富的面貌，而不是杂乱。

正如我在一开始就强调的，他加入了时间这条线索，这正是《甲骨文》之所以如此迷人的秘密之一。他没有选择主题来结构这本书，而是时间。

整本书中，关于陈梦家的部分可能占到了四分之一，但它们不是被一次讲完的，中间穿插着其他故事。其他故事也一样，波拉特的移民故事占到了本书的另外四分之一，但也不是一次讲完，它们中间还有其他章节。正是这样的间次书写，使故事的发展在阅读中被一次次延宕，从而让故事获得了更强大的生命力——不仅是故事中的人通过了时间，我们在阅读中，也感受到了时间。

这是秘密之一，另外一半的秘密是何伟的写作方式。他是拒绝新闻书写的，虽然他一直以此为生。他说："在日常新闻上，我一向不在行。”他不喜欢以第三人称写作，好像自己了解所有。他认为，有时候讯息越多，你知道的就越少，因为其中只有干巴巴的数据，而没有人。

他说：“我比较喜欢写有戏剧性，长篇幅的故事。”更重要的，他把自己也写进了书中，他并非是一个幽灵，一个来自西方的记者，而是一个实实在在的人，这一点让他的书写更有感染力，因为，读着读着，我们便把他当成了朋友。

我喜欢《甲骨文》，不仅仅因为他所书写的对象，更重要的是因为何伟。这正是一个富有魅力的作家的标志，我们想读的是他写的故事，而不仅仅是故事。

城中村的未来

《落脚城市：最终的人类大迁徙与我们的未来》
作者：[加拿大]道格·桑德斯
译者：陈信宏
出版社：上海译文出版社

一

我住过很多个城中村，它们是我到达城市的第一站。

少年时期，我的很多个暑假都在父亲打工的城市度过。我在《海边的城市》里写到了它们："广州番禺区大石镇南浦西一村、珠海的夏村、广州的植村。我并不清楚城市里为什么还有村子，只是住下，享受和父母团聚的时光。那时候我并没有想过我的未来在哪里，也没有想过有一天我会住到哪里。”

如果你去过城中村，你会知道城市的另一种样貌，低矮的楼房紧挨着一层层扩散出去，它们破败、老旧，即使是新建的，也显得压抑，楼与楼之间的道路坑洼潮湿，一条条巷弄犹如迷宫，但也有主街，超市、饭店、服装店、各色小摊应有尽有，等到夜幕降临，工作了一天的年轻人挤满了街道，从楼顶上看下来，也是一片热热闹闹。

大学毕业，我住在南昌的一处城中村里。它位于城市的中心，是老城区的旧式住宅，原本的住户大多搬去了拥有电梯的现代化楼盘，这些20世纪的建筑里住满了和我一样的年轻人。那时候，我在赣江对面的一个小工作室工作，每天乘公交车穿梭于江面，试图挤进这个城市。

挤进城市是许许多多乡下人的愿望，当我在过年的关口听见新闻里关于迁徙人数的报道时，我知道我也是其中之一，我的父母也曾经是其中之一，他们在城市里奉献了十几年的青春。他们也曾试图在城中村做一点小生意，但是最后失败，回到了十几年没有人居住的房子，换成我出来。

来到深圳后，我的第一站仍然是在城中村，我在一幢楼房的顶层找到了一个房间，没有窗户，放得下一张床和一张书桌，那时候我拥有一个老奶奶邻居，她随着儿子搬来城市居住，她仍然抱有乡村人际网络的生活习惯，和附近的居民保持着良好的关系。她是城中村居民的一种代表，他们来到城市，以乡村的方式生活。

我的父辈们也是如此，他们一个一个跟着朋友亲戚来到城市，然后乡村荒芜，只剩下老人和小孩。我是小孩之一，我长大了，走得更远，只在过年时回去，看一看更为衰败的乡村。

就像张彤禾在《打工女孩》那本书里发现的那样，出来的人都回不去了，他们失落在流徙之中。我常常和很多人一样悲伤，为什么呢，为什么好好的乡村要荒芜，为什么城市化的过程要让这么多人陷入不确定之中？

加拿大新闻记者道格·桑德斯的《落脚城市》给了我完全不一样的想法。

二

城市居民对城中村往往是负面评价，那里脏乱差、治安不好、人口混杂。我不属于城市居民，我是外来者，但我同时也认为城中村是一种伤疤、一种尴尬、一种悲伤。

对于这两种看法，道格·桑德斯都不同意，他会用一个更专业的词汇来概括城中村——落脚城市，他说："落脚城市是一部转变人类的机器，只要让落脚城市充分发展，这部机器即可以开创一个永续的世界。"

道格·桑德斯并不是信口胡说，他考察了全球各地的落脚城市。关于落脚城市，有很多不同的称呼，我们听说过"贫民窟""移民村""都市村庄"，或者我们最熟悉的"城中村"，甭管是什么，所谓落脚城市就是这样一种社区：虽然处于城市，但是主要由外来乡村人口组成，并且这些来自乡村的人口和他们的来源地保持着紧密的联系，他们都希望在这里获得更好的生活。

道格·桑德斯的《落脚城市》在"城中村"这一主题上提供了全球化的视角，他走访了中国的重庆、深圳，英国的伦敦，孟加拉国首都达卡，印度孟买，肯尼亚的内罗毕，巴西的里约热内卢，土耳其的伊斯坦布尔，伊朗的德黑兰，委瑞内拉的加拉加斯……当我们在惊叹中国每年有多少人口涌向城市的时候，往往忽略了这是一个全球现象：不只有中国人奔徙在路上，全部的发展中国家几乎都经历着巨大的人口流动。西方发达国家在18世纪~19世纪已经完成了的城市化进程，更广泛的地区将在21世纪再来一次，而这一次的影响范围将更广，也更复杂。

关于这一切的第一个问题总是：为什么要去城市？

答案很简单，因为乡村待不下去。随着经济结构的调整，农业也在转型，小农模式正逐步被淘汰，乡村不需要那么多人，乡村人口收入拮据，必须另寻出路。他们的出路就是落脚城市。道格·桑德斯认为，落脚城市如果发展得好的话，将是“创造新兴中产阶级、消除农村贫穷现象以及终结社会不平等的关键因素”。如果发展得不好，便会成为城市的累赘，甚至引发更深层次的社会动荡。

什么叫发展得好？

简单来说，就是这个落脚城市成为乡村人口走向城市的飞地，他们到这里居住，但是经过若干年的奋斗，可以走出现有的阶层，获得更好的生活。

然而事实并非总是尽如人意，世界上有很多已经失败了的落脚城市，它们成为贫民窟，成为宗教保守主义的温床，成为犯罪率高升的地方。之所以有这样的结果，有很多原因，其中最主要的，在于政府的态度。有许多政府限制乡村人口向城市流动，拆除贫民窟，或者对他们不闻不问。

道格·桑德斯认为，一个好的落脚城市，应该让居民能够顺利取得身份（不论是移民所期望的公民身份还是外来人口所期望的市民身份），其次是获得住宅的可能性，并且拥有活络的社会网络，使他们能够自发创业、做生意，将自己的生活朝好的一面发展。同时，政府必须为社区提供基础建设，不论是下水道、路灯，还是医疗和教育投入。

三

《落脚城市》给了我们一种新的视角，原来世界上的其他地方也经历着这样的迁徙流变，原来落脚城市并不是一种畸形，而恰恰是一种积极的行动。

作者在采访重庆六公里地区时，一位普通的父亲说了这么一段话："我希望孩子们有一天能够了解，了解我们为什么那么长时间都不在家，了解我们为什么没有在他们学着认识这个世界的时候陪伴在他们身边，了解我们所做的牺牲。我相信我们可以弥补他们。我们希望为他们争取一个更好的未来。"

这不是我第一次听到这样的话。虽然我知道所谓的弥补不可能发生，但是这样的牺牲是值得尊重的，城中村或说落脚城市之所以能发挥巨大的能量，就是因为在城中村里生活的人从未放弃过梦想，他们努力工作，为了下一代，为了更好地生活。

贫穷从来不是贫穷者的错，《落脚城市》通过一个个城市已经说得很清楚，要让落脚城市发挥作用，不仅仅靠那些坚强奋斗的打工者，更需要政府的“看见”和建设。

看不见的怪兽

《我不知道该说什么，关于死亡还是爱情：
来自切尔诺贝利的声音》
作者：[白俄] S.A.阿列克谢耶维奇
译者：方祖芳 / 郭成业
出版社：花城出版社

1986年4月26日，位于乌克兰北部的切尔诺贝利核电站发出了一声巨响，这座号称“最安全、最可靠”的核电站发生严重泄漏事故并爆炸，大火熊熊燃烧，辐射污染遍及各地。

虽然距离这起事故已经三十年了，当时的苏联早已解体，但是切尔诺贝利带来的伤痛并未消失，它留下了一片一片荒芜的土地，以及一个个除了伤痛的故事一无所有的人，他们承担着灾难的痛苦，无法治愈。

几年之前，我在凤凰卫视上看过一个关于切尔诺贝利的电视节目，主持人深入灾难发生地，拍摄二十年后的切尔诺贝利。

大风吹乱了主持人的头发，她一手拿着测量辐射的工具，一手举着话筒面对镜头说话，她的背后是空旷的废墟，有绿色的草地，但是没有人烟。

那个节目给我最深的印象，是寂静。放眼望去，一切都再正常不过，绿树、房屋，但是除了风声，几乎没有别的声响，那是一片被抛弃的土地，人们都已撤离。

你可以感觉到旷野里站着一只巨兽，但是没有人看得见它。

电视节目浮光掠影地走过了切尔诺贝利，我通过镜头看到了它——那只隐形的怪兽，但是我仍然不了解到底发生了什么。直到读到S.A.阿列克谢耶维奇的这本《我不知道该说什么，关于死亡还是爱情：来自切尔诺贝利的声音》，一切才真实生动起来，才变得可以理解，因为她所写下的不是伤亡数据，辐射影响，她写下的是一个个亲历这起灾难的当事人，他们的故事。

第一个故事就让人伤痛，叙述者是一位母亲，她的丈夫是消防员，在灾难发生时人们并不知道辐射的严重性，她的丈夫参与了救援，并吸收大量辐射。之后她的丈夫被带到了莫斯科接受治疗，他的很多战友都在那里，她赶去照顾他，住在医院里，看着他一点点衰落，皮肤脱落，变得不成人形。她的丈夫去世后，她当时怀孕所生的孩子也因为辐射而死去。

巨兽就在那里，但是人们看不见。辐射，这是普通人很难理解的东西，老人不知道为什么年轻人要他们迁移他处，不知道为什么年轻人要掩埋他们的白菜、土豆等庄稼，不知道为什么端着机枪的年轻人要射杀所有的动物，他们不知道恐惧什么，但是仍然感到恐惧。

辐射区已经很少有人了，但是还有人迁入，他们来自土耳其，来自其他战火频发之地，相比这看不见的伤害，他们更恐惧枪声和死亡。

S.A.阿列克谢耶维奇采访了形形色色的人，母亲、妻子、父亲、儿子、消防员、当年的救援战士、迁来的外地人、切尔诺贝利人的后代……这本书，由上百个声音组合，他们所说的都是伤痛，但是我们必须听见。

有时候，这样的细节和局部的视角，反而更能看清历史的真相和复杂。正如S.A.阿列克谢耶维奇所说：“在我的书中，他们讲述自己的小历史，更宏大的历史也从中显现。我们还没有时间来理解已经发生以及正在发生的事情，但是我们需要说出来，从自己的时代发声。”

S.A.阿列克谢耶维奇是2015年诺贝尔文学奖的获得者，今年六十七岁，她是白俄罗斯人，出生于曾经存在但已经消失的苏联。她是一个记者，也是一个作家，她关注战争、灾难，重要的是，她关注战争和灾难中的小人物，她记录他们的故事，让被采访者自己说话，这是她的特别之处，有人说这不是文学，但是这不重要，重要的是她所做的事情，她所写下的文字，文字里的故事。

灾难已经发生，故事已经写下，接下来，需要你去读它。

一本忏悔书

《我执》
作者：梁文道
出版社：广西师范大学出版社

这几天，想着自己的对与错，想着人与人的关系，心已平静，只是更淡漠了。忽然半夜想起梁文道的《我执》，于是上网订购，第二天快递送到，下午躺在沙发里看完这本，天已经黑了，心里默默然。

2009年暑假，这本书刚上市，我在广州番禺某城中村做一家两元店的售货员，每天上午9点把卷帘门拉起，搬出小小收银台，吃早餐，听对面超市报告今天优惠的青菜价格，然后打开笔记本电脑——我唯一的私有物品——写东西，或者看书（存在电脑里的电子书）。

没有网络，没有电源线，两个小时后电脑电量不足，就把它合上，专心等到中午吃饭。我在这两个小时的阅读时间里，看了很多没头没尾的书，其中就有一些零碎的《我执》文章，记忆最深刻的是《我的病历》，因为太坦诚，把我吓到，其余则只记得一些影子，最后都随时间沉入了记忆的湖底。

翻开这本书，果真好像从来没有看过，没有关系，从头来过。

梁文道在书里的一篇文章里写："'不如我们从头来过'，这不知是多少夫妻、情人乃至朋友都很想说也说过的话。然而要把一切过去抹掉，从头再来，又谈何容易呢？"他觉得，这句话说了往往也等于白说。

但是，为什么要把一切都抹掉呢？

好吧，也许人与人的重来总会再一次走向支离破碎，但是书，不怕重来。

这本书是2006年至2007年梁文道在香港某报纸《秘学笔记》上的专栏文章合集，在这里面，梁文道第一次写自己，像流落到荒岛的人生了病，拿起手术刀，自己动手。他真狠，见血见骨，写爱欲，写家庭，写过去，写未有的孩子，写永远失去的恋人。

书名是“我执”，“我执”是佛教词汇，指对一切有形和无形事物的执着——对“我”的执着。梁文道的这些文章，如同忏悔录，剖析自我的嗔痴妄念，在红肿毁坏处划破一道伤口，让瘀血流出。

形式为日记体，八月、九月、十月、十一月、十二月，一日一篇，虽然不是记事，而是务虚的写作，但也能在时间一日一日的流转间，体会到写作者的状态，或者说作者虚构出的状态——在这本书的《跋》里，梁文道称这些文章为“虚构散文习作”，你并不能相信所有这些都是真的，它有个体经验，也有虚构。

不论写实还是虚构，都是“负能量”。如果说这本从时光中截取的书有什么主题的话，那么第一个，就是：失去。整个八月，他都在迂回地讨论爱情，讨论可不可以从头来过，然后在九月讨论暗恋，讲述一个人从你身边离开后的影响，世界的变化，你的悲凉，渐渐地，九月、十月，失去的影响稍有减弱，但它还是午夜梦回，笼罩着作者。

他写："所以他搬走之后，我就躲在屋角待了一个下午，看空气中飞舞的轻灰。"

他写："满地都是书，我坐在中间，就像博尔赫斯笔下的那个国王，精心构筑了能够迷惑任何人与野兽的迷宫，足以抵御任何外敌，最后却困死了自己。"

他写："擅于文字的，终将死在文字的手上。"

这是无法复述的阅读体验，因为它们分散在每一篇文章里，像河流一样汇聚，最终在读完之后形成一片海，记忆之海，失落之海。所有有过失去经验的人都可以获得安慰，所有心思纯净的人都会被感染。

另一个主题，仍然是书。书里有一篇文章，写到康拉德，康拉德是个伟大的作家，也是一个海员，他在结束了航海生涯后，一直居住在内陆，终日不见海岸。他的书房墙面挂着一幅画，画上有艘三桅帆船，是他与前半生唯一的直接关联。当纪德满怀好奇地来看这位经历不凡的同行时，本想和康拉德聊聊人生聊聊大海，但康拉德对他说的却是："别盯着它，让我们来谈谈书吧。"

梁文道（或者文本中虚构的"我"）在经历感情的低谷，在"那个改变并且几乎毁灭"他的人离去后，在家人生病的现实里，仍然有书。从第一篇文章引用《恋人絮语》，到最后一篇提到德里达的《书写与差异》，他从未停止让书及书中的话参与到他的生活与写作中来。甚至有很多篇，本身便是由读书所引发出来的思考，比如读亨利·詹姆斯，读《魂断威尼斯》，读康拉德。

阅读和写作，不能说是治疗，但无疑是一种安慰。梁文道这本《我执》也许在传递一个信号：我等凡人，终生在欲念间流转生活的人，不可能破除我执而成佛，但通过书写与阅读，也许可以学会与执念相处。

写与读，我执。

小镇青年的来历

《皮囊》
作者：蔡崇达
出版社：天津人民出版社

1982年，蔡崇达出生于闽南沿海地区的某个小镇。这个镇子和中国所有的镇子一样，处于中国高速发展的尴尬之中：一方面，它们离城市近，比较容易接触到社会变化的新思潮；另一方面，它们终究不在城市，享受不到日新月异的巨大变化所带来的红利。

小镇上的人，知道世界正在翻天覆地地变化，而小镇本身，正逐渐衰败。还没有人想好怎么在小镇上寻求美好生活，所以在此之前，小镇青年的出路只有一条：找一座远方的城市扎进去，从此不回来。

而在城市里，小镇青年比都市居民的孩子要多一层焦虑，生存的焦虑，发展的焦虑。每一个小镇上出来的人，都想要再回去。每一个小镇上出来的人，都回不去。他们所能够拥有的关于“家”的东西，只有记忆。这是所有漂泊的人，共有的故乡。而“家”不单单是一个字，它包括童年、少年的全部记忆，包括许许多多人生的第一次，包括一个人的根，包括父母，包括亲人。

如果一个小镇青年成了作家，他不可能不写到这些部分，因为这是他的来历。

蔡崇达是《中国新闻周刊》的副主编，才华横溢的媒体人，俗世标准的成功者，他也是一个小镇青年。他在去年出版了第一本书《皮囊》，写人，亲人、朋友，其实是写自己，写自己从哪里来。

每一个中国的年轻人，大概也都能从这些文字中看到自己。因为蔡崇达写了太多时代中的记忆，以及记忆中这个时代留给我们每个人的痕迹。想必你也曾从一个少年长大成人，想必你也曾和少年时的玩伴失散，想必你也曾遭遇过亲人的离世，想必你也在某一天突然发现自己成为家里的主心骨，想必你也在城市的工作中感到疲惫……

然而，这不是一本关于乡愁的书，他写的其实是自己怎样一步步离开，和小镇，和亲人，和少时玩伴的日益疏离。他写的是时间怎样在他和过去之间划了一道线，而他自己知道，线的那一边他将永远无法踏足。

落到具体，他写人。看他写父亲母亲的几篇文章，恳切动人，想到周成林。周成林有一部小书，叫作《考工记》，也是写亲人，他把自己和亲人全部放在案板上，毫不留情，那些文字的底部有深沉的喑哑，令人不安。蔡崇达也是如此，他不回避，一字一字，都写得清清楚楚，也许是因为新闻写作的训练，他对细节的描写十分在行，每一篇文章，几乎都能使我流泪。

然而，在阅读过程中，总有一种不安，特别是到了本书的后半部分，当他从家人写到其他人，镇上的传奇女子张美丽，少年时期的朋友阿小，被称为天才最后却一无所得的文展，陷入青春理想无法自拔最后自杀死去的厚朴。我发现，有些部分太像小说了，或者说，有些部分用到了太多小说的写法，本来应该更真实的细节和对话，反而使我觉得不真实，甚至出戏。

找来《考工记》，里面几乎没有对话，感情是收紧的，虽然很痛，但不出声，看完之后，不会哭，但心里闷。《皮囊》的感情则是放开的，你必然会在其中找到泪点。我不能说哪一种写法更好，但相比来说，我更喜欢前者。

谁的故乡不在沦陷？

《匠人》
作者：申赋渔
出版社：民主与建设出版社

城市声势浩大，乡村则日渐荒芜。这几乎是命数，无可更改，无能为力。上亿中国人背井离乡，在九百六十万平方公里的土地上流转迁徙，出走的人不回来，或者回不来，留下村落空空，房屋老旧，亲邻散失。

今年初，冉云飞出版一本新书，名为《每个人的故乡都在沦陷》，写巴蜀之地的故事与风物，偏于考证、记录。前几年，社会学者梁鸿写作《中国在梁庄》，重回家乡，以田野调查方式，试图建立一个村庄与当下中国间的联系。此外，还有熊培云《一个村庄里的中国》，江子《田园将芜》，越来越多的人感到紧迫和不安。当故乡沦陷，无计可施，唯有记忆，还可稍做些微弱的抵抗。

申赋渔写作《匠人》，心意也大抵如此。他的故乡在苏州北地的一个村落——申村。六百年前，一位名叫申良三的，从苏州阊门来到这里，落脚定居，扎下了根。申赋渔是申良三的第十七代孙，因为村子不曾有过大动乱，族谱仍在，一支血脉才可以上溯六百年，找到源头。

然而如今村庄已逐渐衰败，离家十余年的申赋渔重回故里，“忽然感到彻骨的悲凉”，“我所熟悉的一代人，一个个凋零。这个村庄，很快就将不复存在了”。

所以，他开始写这本书，虽然名为“匠人”，写作的对象也确是一个个木匠、花匠、剃头匠、瓦匠、豆腐匠……然而实际上，什么职业不重要，重要的是村庄里这一个个人，和他们的故事。正如作者自述：“一个人失明的时间长了，就会忘记他所见过的一切，写下他们，是怕有一天，我会完全忘掉故乡的样子。”

十五个人物，十五篇文章，每一个人物都延伸出一段往事，而往事牵出往事，人物拉着人物，百年故事，恩仇情谊都有，如河流东下，一代一代人，生活着，然后消失。前阵子听龙应台在香港书展上的演讲，题目是“记忆”，她讲记忆如何影响思考方式，影响现在和未来，最后给出方案，希望大聆听时代开启，不言说议论，先听，然后记下来。光是如此，已经是价值。

申赋渔做的，正是用记忆抵抗消亡，在一个个匠人的故事里，试图保存申村的生命。同时，也是在整理个人与家族记忆之间的关系，在这些文章中，《木匠》写的是爷爷，《扎灯匠》写的是外公，《杂匠》写的是伯父，作者带领我们回到一百年前的米仓大火，找到家道中落的源头，带领我们领略爷爷少年时的风光，也让我们看到他不能继续做木匠之后的沮丧。

我一篇一篇地读下去，沉入旧事，想起外婆。小时候住在外婆家，常听她说起邻居的故事，有时候上溯几辈人，不在话下，那状态和读此书大致相仿。就连那股子“传奇”的劲道也是一样的，外婆说故事，常常出现神灵，或者鬼魂，她给我讲过她自己年轻时的一次梦游，我还记得清楚，那时农忙，她做帮工替人割稻，一天半夜，骑车三十公里下山到了田地，一气儿干到天亮才醒过来，看着身后割完的稻谷，一脸茫然。

申赋渔在书里写的故事，也常常碰到鬼神。算命、请神都是日常生活的一部分，关于命运的预言，甚至多年之后鬼魂的报复，都是与做工、吃饭绑在一块的，读起来，亲切有味，那正是民间过去的生活方式，以及讲故事的方式。

毫无疑问，申赋渔是讲故事的好手。前段时间，蔡崇达的《皮囊》获得诸多好评，我也读过，写得很悲痛，很用力，很动人。然而申赋渔与此不同，他不煽情，很惨痛的故事，也是这么讲法，生活就是无情，来来去去，有更深的感念。

每个人的故乡都在沦陷，这是现实。然而，每个人或许也都可以用文字做微弱的抵抗，聆听、书写，将一些我们不曾注意的，关于过去的记忆存留下来。《匠人》除了是一本充满叙事魅力的散文书写，也是这一种尝试的示范。

没有故乡的人，乡愁最重

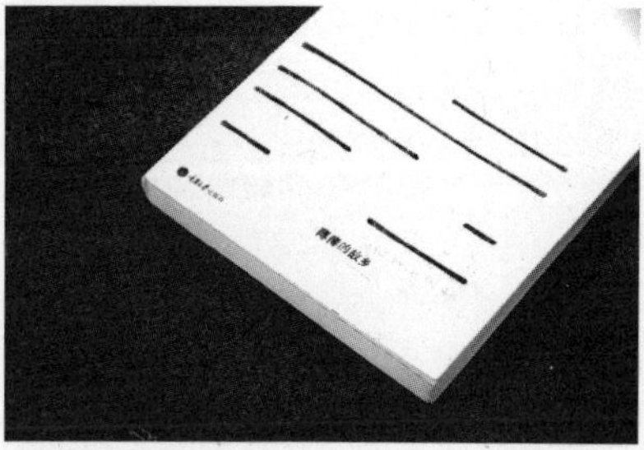

《薄薄的故乡》
作者：王小帅
出版社：重庆大学出版社

我出生在江西，可是我的祖籍是安徽。

我的祖父辈20世纪60年代初从安徽逃难到此，组建自己的村落，扎根生活，但仍然说安徽话，保持原本的习俗。我的父辈在这样的环境里长大，对成长的这片土地不亲。

轮到我，已经是迁徙的第三代了，但情况也没有多少好转，我不会说江西话，也不会说安徽话。语言是身份认同的一个重要标志，乡音这种东西，会天然拉近距离，但是我没有乡音。我的故乡，是一片迁徙的村落。

这种状态，使我对漂泊者有天生的认同感，当我读到骆以军、张大春这些台湾外省第二代的文章时，我能理解，因为我们心里都知道：此地虽然是我家，但我是从别处来的。别处回不去了，此处却也不是，就是这么夹在中间，两头不落。这种内心地基的不稳定，会引发更多思考。

比如王小帅。这位著名的导演如此痴迷地拍摄关于“三线”的故事，正是因为他想找到故乡。没有故乡的人，乡愁最重。

王小帅是没有故乡的，他在新书《薄薄的故乡》中彻底摊牌。他的情况要比我复杂得多，他1966年出生在上海，但是四个月后就随父母“支援三线”去了贵州贵阳郊区，一个四面环山的地方。然后，在他读初中时，又迁徙到了武汉。接着，十五岁，他独自去往北京，考入中央美院附中，并在那里生活了八年。

那么，他的故乡在哪儿呢？上海，只是出生地，贵阳是童年生长的地方，他一度把这里作为故乡，可是二十多年后回去，他发现自己不会说贵阳话，他不被认为是贵阳人。武汉？北京？更不是。

最终，他在序言的最后发现了真相：现代人的“故乡感”已经越来越淡化，哪里都一样，更多故乡的意味只有在记忆中去寻找。

“你可以失去故乡，但是不可以失去记忆，记忆将成为另一种故乡本身，很多时候，你可以通过记忆回到故乡，无论你身在何时，何处。”

这本装帧精美独特的书，正是王小帅的尝试，试图通过文字找回“故乡”。书分为七个部分，大致以他的生活状态切割。《镜中无光》是写贵阳的生活，他记得家里墙角有一面镜子，但是从未有人用过，落了厚厚的灰。《湖边青年》写武汉，当时他们家住在南望山，靠近东湖。《城域边缘》写福建，当时他电影学院毕业后，被分配到福建电影制片厂，那是一段苦闷的日子。《电影中的乡愁》写他的“三线”三部曲的创作故事，剩下还有专门写父亲与母亲的文字各一章。最后，还附了些日记、信件等文字资料。

从文字上来说，最好看的无疑是《镜中无光》，因为这正是他心心念念拍了三部电影还没有说完的地方，他的童年，他之所以成为如今这个人的史前历史，都在这儿了。他回忆得很真诚，很用心，像北岛写《城门开》，童年视角总是会给我们带来意想不到的美好。

看这本书最大的惊喜是：王小帅写得真好。我指的是文字本身，他写父亲、母亲，往日的邻里，少年的孤独，都非常精准，细节丰满，历历在目。和某些导演出的书不同，这本《薄薄的故乡》是真心写的，是一个中年人的半生回望，意味深长。

不知为什么，我总是爱看回忆文章，也许，是因为我也想搞清楚自己的故乡和来历吧。

其实我对死亡一无所知

《站在两个世界的边缘》
作者：程浩（伯爵在城堡）
出版社：广西师范大学出版社

生活规律而繁忙，无聊但步步紧逼，关于死亡这件看起来遥不可及的事情，早已被甩到一边，无暇顾及。虽然我们都知道有一个期限在遥远的未来向我们招手，但毕竟，那是遥远的未来。

我们很少想到，有的人时刻知道自己可能死去，即将死去，必定死去。

当我谈论死亡时，其实对死亡一无所知。我所经历的两场离我最近的死亡，一次是爷爷的去世，那是我童年时期的一个重要事件，一个改变我生命境遇的节点，但对于死亡本身，我既不感到恐惧也不感到难过，一个亲人离开了，我知道，也接受了。每一个孩子都单纯而绝情。另外一次，是我的同学，他突然的消失，课桌上的书和笔一直堆在那里，那是11月的冬天，人们在寒冷的河水中发现了他，他的课桌被放到教室一角，他的文具被亲人收走，一个人消失了，如此而已。我甚至不能想象死亡真的从我们身边拖走了一个人，到现在，我也搞不清楚这回事。

这是我离死亡最近的时候，另外在一些少年时代的黑夜里，我会对死亡产生好奇，试图打量它，了解它，但往往徒劳无功。我曾经满口大话，把死亡看得很轻，经常说“很有可能我们出门就被撞死”，噎得别人说不出话，对此我洋洋得意，但其实，和现在一样，我在任何时候都不懂得死亡。

我不了解当一个人时刻面对死亡的时候，该怎样生活，我们总会随口说到遥远未来的老年，如果病了，就自我了结。但真的，当病，这一件奇怪而无情的事情一直纠缠你时，你的世界会变成什么样子？

我不知道。但程浩从出生就开始面临这个难题。他出生于1993年的新疆，从没有下地走过路，医生断定他不能活过五岁，每一年都需要在医院度过一段不短的时光。他没有上过学，没有像我们一样坐在教室里，奔跑在操场上，他是“职业病人”，与死亡频繁地打交道，收到过厚厚一沓病危通知单。他在2013年8月21日离开了这个世界，而现在，我正在看他的书。

书名是《站在两个世界的边缘》，“我渴望自己能融入人群，做一个凡夫俗子。可是我却从来没有真正走进过这个世界，一次都没有。我永远站在世界的边缘。后来我在世界的不远处建立了另一个世界，属于我的世界”，“虽然我已经有了自己新的世界，可是我依然怀念那个熙熙攘攘的世界”。

他站在两个世界的边缘，生活，思考，写作，互联网是两个世界重叠的地方。我不知道确切的时间，印象中好像是2012年，程浩在知乎上回答了第一个问题：你觉得自己牛×在哪儿？为什么会这样觉得？他用短短一千多字讲述了自己的经历，其中谈到命运，“命运嘛，休论公道！”“真正牛×的，不是那些可以随口拿来夸耀的事迹，而是那些在困境中依然保持微笑的人。”他的答案戳中了许多网友的心，赞同数与日俱增，从那之后，他经常在知乎答题，关于读书，关于生活。那些文字现在全部收录到这本书里，此刻正摊开在我眼前。

我看着这一篇篇文字，有感动，有愧疚，有共鸣，有赞叹，也有伤感，这是一个年轻人真诚思考的劳动结果，是他打在命运身上一枪一枪的弹孔，也许这些文字还不够成熟，但毫无疑问，它们一字一字都是生命的结晶。

我不想强调这本书的励志性，就像程浩说的：“从小到大，我最讨厌别人给我贴什么‘身残志坚’‘自强不息’这样的狗屁标签。看似表扬，实则是歧视。活着，是每个人的希望；活得好，是每个人的欲望。”

书是文字最好的归宿。程浩离开了，但他的文字还在，你现在去知乎上搜索，仍然能够看到他的回答。这些文字集结出版，是一种完成。

死亡就是一个人从世界上消失，而世界依然存在

《惜别》
作者：止庵
出版社：上海人民出版社

止庵的《惜别》我翻了几页，就搁下了。因为一上来便是各种关于死亡的论述，《论语》《道德经》《庄子》，周作人、鲁迅、加缪，引用者众多，看得我眼花缭乱，非但没有对死亡发生什么体悟，倒要反感起来，不如搁下。

后来不知何故，又捧起来读，读到第二章《曾经存在》，就没再放下去，因为从这一章，内容离开各家理论，回到了

作者关于母亲的记忆。作者的母亲三年前因为癌症去世，《惜别》是止庵在纸上与母亲告别。

止庵说，死亡就是一个人从世界上消失，而世界依然存在，很朴素，很实在，也很无情，世界不管你是死是活，意义要靠人自己创造。在这本书里，止庵不仅通过母亲的日记、书信，以及自己的回忆，充满细节地回顾了母亲从生病到去世的这一段日子，也借此对死亡进行了一番思考。

其中有两个问题，我比较感兴趣。

第一，如何面对即将到来的死亡？

关于这一点，止庵用了“在死者”这个词。你明确知道自己要死了，只等着日子到来。这和我们一般所说“反正人都是要死”不一样，那样说的时候其实并未真把死亡放在心上，“反正会死”，也就是现在不会死，既然还远，且不必心烦。但明确知道死亡临近，是另一种状态，比如患上绝症，比如像海明威在《乞力马扎罗山的雪》里写的那样，因为意外死于荒野前的几个小时，死亡会以逼问的状态到来。

记忆，一直以来都是死者的另一种生存方式。《生命最后的读书会》记述的是与母亲共度的最后一段日子，而《惜别》记述的是母亲离去后，作者的回忆与告别。这也带出了第二个与死亡有关的问题：如何面对已经发生的死亡？

死亡是不可避免的，来了便来了，谁也躲不掉。亲者离去，如何面对？有人沉湎于记忆，一蹶不振；有人快速调整，回到规律的生活。止庵没有快速走出来，他做梦，整理母亲的日记和书信，一遍一遍地回忆。

“我关于母亲的回忆。都很具体，很普通，也很琐碎，充满了各种细节，为我所感知——是那种无法脱离视觉、听觉、味觉、嗅觉和触觉的感知；回忆起来，却又微不足道，往往连件事都算不上。是以总有一种虚幻之感，觉得难以把握，稍纵即逝。”

“我回忆母亲，想象母亲，本身就是对她的死亡的一种反抗，因为死亡的目的正在于使一个人消失。”

记忆是人们与死者亲近的唯一通道，通过记忆，死者还未消失。

我以为，这些回忆文字才是这本书最具价值的部分。对死亡的思考有千万人总结过，对死亡的哀叹也不知有多少人抒发过，但止庵的母亲，只有一个，只有一个人曾经这样活过，这样思考。看着这位老人的日记和信，虽然是碎片，但印象越来越清晰，这是一位可爱的老人。

说实话，很多人与母亲的关系是不能达到止庵与母亲这样的，在我们，代沟是无可跨越的，爱当然存在，然而交流却永远无法深入。止庵与母亲能每天一起看一部电影，一起读推理小说，这种兴趣上的重叠，在亲人之间，很让人羡慕。

止庵的母亲在生病之后的日记里写道："我是个不服输的人，我不能成为一个废物，我虽没有成就，但不能什么都靠别人。生活要能自理，活在世上还有点意思，我要找出事情干，使我的生活丰富起来。"这就是她，一个普通人的可贵可爱。她集邮、织毛衣、照看草木，她不凭靠子女，而把自己活得精彩、认真、丰富。通过这本书，认识到这世上曾有这样一个人，才是我作为读者的最大收获。

我们都是『海滩人』

《暗店街》
作者：[法] 帕特里克·莫迪亚诺
译者：王文融
出版社：上海文艺出版社

最近读了《暗店街》，诺贝尔文学奖获得者帕特里克·莫迪亚诺的代表作。老实讲我的文学嗅觉并不灵敏，在此之前没有读过他的任何一本书。

《暗店街》讲的是一个关于记忆的故事。主人公叫居依·罗郎，是一位失忆的私人侦探，读者不知道他的具体年龄，也不知道他的真正名字，只知道他在“二战”后为于特的私人侦探所工作了八年，现在于特准备退休，他也决定开始寻找失去的记忆。

小说以居依寻找逝去的记忆为线索展开，但是这里并没有任何侦探小说的元素，没有案件，没有谋杀，没有死亡，没有一个凶手是谁的疑问揪着读者的心。我们和主人公一样，模模糊糊地凭借这个人的只言片语，那个人的信件、照片等物件，一点点试图拼凑出往日的生活景象，找到失忆前的自己。

然而小说最迷人的部分不在于故事的结尾，不在于主人公是否找到了真相，是否了解了“我是谁”，而在于追寻的过程，在拼凑记忆的途中。是的，拼凑记忆，这是主人公在整本书里努力去做的事情，因为没有人能告诉他他是谁，没有回忆录，没有日记，没有传记片，他必须把从这里听到的故事，和那里得来的线索拼在一起，然后推导出结论。当然，结论很有可能是错的，主人公就不止一次错认了自己。

在第十五章，主人公把一张相片拿给过去认识的一位女士看，那上面有他，还有其他三个人，他希望从这里找到一些线索。对方的回答是：“你和德尼斯在一起，但我不认识另外两位……”德尼斯，这是他过去的女友，他现在知道了她的名字。另外两位是他过去的朋友，他已经在前面的寻访中知道了他们的身份，但是眼前这位认识主人公与德尼斯的人，却不认识照片上的另外两个人，这让他很遗憾，“人们的生活显然是互相隔绝的，各自的友人彼此不相识”。

这一番大海捞针的追寻之旅，向我们揭示了这样一个事实：人们的过去并不是一条清晰的线，而是被撕碎的时间，它们被不同的人撷取，每个人只拥有片段，一个人的存在，是靠其他人的记忆支撑的，当这些记忆失散，这个人的过去也就消失了。张爱玲在《对照记》里回忆家族曾说，“我没赶上看见他们，所以跟他们的关系仅只是属于彼此，一种沉默的无条件的支持，看似无用、无效，却是我最需要的。他们只静静地躺在我的血液里，等我死的时候再死一次”，也是这个意思。

现在，我们知道张爱玲的一生传奇，她用文字写了下来，被其他人用文字写了下来。而这部小说的主人公却没有这么好的运气，他作为一个普通人，没有更多能够挣脱时间的人证物证，关于他的记忆，将很快消失。

在第八章，主人公回忆起了于特给他讲的关于“海滩人”故事：“这个人在海滩上和游泳池边度过了40个春秋。嘻嘻哈哈地同避暑者和无所事事的富翁们聊大天。在成千张假日照片的角落或背景上，总可以看到他穿着游泳衣，混杂在欢乐的人群中，但是没有人能说出他叫什么名字，也不知道他究竟为什么待在那里。因而当他有一天从这些照片上消失了的时候，谁也没有注意到。我不敢对于特直言相合，但我认为这个'海滩人'就是我。不过由于其他的一些原因，即使向他承认实况也并不会使他感到惊奇的。于特就反复说过，我们实际上都是些'海滩人'。"

我们都是"海滩人"，像作者在全书的最后一句所说的，"我们的生命不是和这种孩子的悲伤一样迅速地消逝在夜色中吗？"

我们终将消失，这是不争的事实。我们留下的只能是一些记忆碎片，一些存留记忆温度的痕迹，然而这些痕迹是已消逝世界的见证，也是我们与记忆对话的魂器。

第四章

读在路上

在这一章里，我们去旅行。

我们会跟随保罗·索鲁的脚步，从美国一路南下，穿越数个国家，来到美洲的最南端巴塔哥尼亚；我们会和舒国治对话，听他讲讲喝茶、睡觉以及走路的魅力；我们还要好好想想，旅行到底为了什么？旅行从来如此吗？它的意义，以及它的过去。

当然，旅行的路上，不能少了故事。除了关于旅行的书，在这一章里，还有可以让你沉浸的长篇小说。如果说短篇小说适合地铁，那么长篇小说则适合火车和飞机，我没有坐过轮船，不知道适不适合。总之，在陌生之地，进入陌生的故事，你会发现，连自己都将陌生起来。

没错，旅行，就是为了发现自己。

人要任性，任性，任性

《理想的下午：关于旅行也关于晃荡》
作者：舒国治
出版社：广西师范大学出版社

《流浪集：也及走路、喝茶与睡觉》
作者：舒国治
出版社：上海人民出版社

标题这话是舒国治说的，他是一个彻底任性的人。

现今社会，是不大欢迎任性的。任性意味着不守规矩，按自己的意愿行事。可是，人类文明走到今日，个人虽自由，但到底是被推搡着向前，愿不愿意都要走。有人走得急，气喘吁吁，突然累了，想，不如来一场说走就走的旅行，好好浪荡一番。但大多数人只是说说，一觉醒来，照样赶着公交地铁去上班。代价太大，承受不起是一个原因，另外，很多人已经不会任性，或者说不敢。怕呀，怕落在后面，赶不上。

“落后就要挨打！”我们从小就是被这么教育长大的，所有人的梦里都有这一句。

舒国治好像不怕，他是一走了之，远走高飞。按理说，三十岁，正是一个人事业发展的重要节点，但舒国治似乎没有这个概念，20世纪80年代，一个人跑到美国，并不为淘金，也没有什么事业，只是开着车沿公路流浪，一城一镇，来来去去，别无目的，只是看看，住住，历时八年。

这种任性，不大在常人身上看到，或者说街巷中也有，可惜没有撰文著书，不为人知。终于见到一个舒国治，便很令人惊羡了。

当然，不光是羡，也惊。惊的是，竟然还有人可以这样生活？愈看舒国治的文章，愈惊，愈羡。

他在大陆的书如今已出了好几本，大多关于旅行，他写作的方向，大抵也在此类。其中最能代表他的生活态度和心思的，是《理想的下午》和《流浪集》，这两本书里的文章，大多写在1999年和2000年前后，原是为报纸杂志所写，后来结集。两本书都有副标题，《理想的下午》是“关于旅行也关于晃荡”，《流浪集》是“也及走路、喝茶与睡觉”。

谈及舒国治的文字，很不一样。第一个不一样，是遣词造句的不一样，他用字用词半文言，时而还夹着大片英文。这种书写方式，颇有争议。有人以为是古意盎然，也有人以为是不古不洋，半吊子，讨人嫌。

几年前初读时，很受震动，毕竟这样的文体少见，少见则多怪，现在看来，确实还不浑融，怎么看都有刻意感，而一旦文字让人感觉到刻意，就“隔”了。

第二个不一样，是写法不同。他的文章几乎不同于时下流行的任一旅行书，不重故事，点状书写，真正的散。也许是报纸字数的限制，或者是作者意趣有别，总之，想要通过他的文章，了解一地的风土人情，或途中所遇人物故事，对不起，没有。有的，只是他对生活、对旅行的态度。

而舒国治对生活的态度，几乎尽在这两个副标题里：旅行、晃荡、走路、喝茶、睡觉。总结为一字，是“闲”。他特别推崇闲散的生活方式，他自己就是一个大闲人，平日除了晃荡，好像没有其他的事。这很容易让人着迷，也容易使人怀疑，怎么你就不用上班呢？怎么你就不用养活自己呢？

当然是要的。但他所需甚少，追求的居家装修是“家徒四壁”，将物质降到最低，所以也花不了多少钱。也不必买房置业，就更加可以晃荡了。这不仅仅是任性，还得有纯厚的心力，否则缺乏安全感，在旁人的眼光中，不禁担忧而又惶恐了。

舒国治之所以要一再讲闲，是因为现代人太忙，忙得不知道闲、不知道生活。他以亲身示范：看，果然闲到底，也不会死。现代人如你我，未必真能一径地闲下去，但读舒国治的文章，总好反躬自问：我忙了这些，到底为什么？

不一定问出了真理真知，但偶尔一问，也是一种砥砺，不要随波逐流。

舒国治的几个关键词里，我最有同感的是走路和睡觉。

我已经不常走路了，深圳太大，不适合走路。出门，总要借各种交通工具。两条腿，并不顶事。另外，走的意愿也大大降低。回想十几岁时，常常走路，住校在县城，每回周末的晚上，一个人，两个人，走上几里路，聊天，或者不说话，就是走路，看着已经看过很多次的街景，心里充盈。原是年少心思多，合是该多走走。难道成年人心思就少了吗？

只是习惯了不走吧。

上回到上海，走了半天，前两月在北京时，住在美术馆东街，出门也常走路，香港和澳门都适合走，厦门也是。走路与宽阔大路无缘，那原本是给汽车准备的，并不为人，真正和人亲的，要老城区，要有街树，小店，这才好走好停。

最好的旅行方式，就是走路。这样说的另一面，意思是，走到哪里都是旅行。我们所生活的城市，也不妨走走看看，不为别的，只是走走看看。

北欧原来长这样

《北欧，冰与火之地的寻真之旅》
作者：[英]迈克尔·布斯
译者：梁卿
出版社：生活书店出版有限公司

关于北欧，我一点也不熟悉。我唯一知道的是，那是欧洲的北部，纬度很高，天气寒冷。那里有很多森林，并且靠海，曾经住在那里的维京人盛产海盗，他们一度控制了大不列颠。

至于现代，我知道宜家家居、H&M（服饰品牌）、诺基亚、愤怒的小鸟。我还看过一些北欧导演的电影，比如伯格曼的

《野草莓》，还有讲吸血鬼故事的《生人勿进》。

我勉强能数出来北欧国家包括丹麦、瑞典、芬兰、挪威和冰岛，但是我并不很清楚挪威在瑞典的南边还是北边，东边还是西边。我不认识任何一个北欧人，我不知道他们的头发是黄色还是红色，他们的眼睛是蓝还是绿，我也不清楚他们午餐吃什么（也许他们吃宜家餐厅里的那种肉丸，我猜的），周末玩什么。对我来说，这一切都是谜。

不过，我偶尔也会听说过一些关于北欧的闲言碎语，比如那里福利特别好，人们每天只工作到下午四点就下班了，而且假期特别多。然而据一些确实去过北欧的人透露，那里也很无聊，人少，冷，没什么娱乐活动，大家就是傻乐，没有激情和活力。还有，那里的物价水平也让人沮丧。

以上这些，可以算是北欧的印象，对很多人来说，这些碎片的形象，就是想象中的北欧。也因为它似乎处在陆地的最边沿，对我们来说神秘而有趣。

如果你和我一样暂时去不了北欧，但又对北欧的种种颇感兴趣的话，迈克尔·布斯的这本《北欧，冰与火之地的寻真之旅》可以帮上大忙。这本书虽然取了一个游记的书名，但是看进去，会发现不是那么简单。它当然是关于北欧五个国家的书，但是和一般游记不同，作者不是很在意路上的风景，他在意的是心中的问题：北欧这几个国家到底有什么特别之处？书名叫“寻真”，所以他一路寻找答案。

迈克尔·布斯问的当然不是地理环境上的差别，而是北欧文化何以与众不同。总体上说，北欧除了自然风光，最让人着迷的就是它的福利社会，人们安居乐业，悠闲生活，让好多人心生羡慕。

事实上真的是这样吗？这个英国人在北欧转了一圈，用“腐国”（英国）与生俱来的挑剔眼光挑了不少刺。

比如，人人都说丹麦是世界上最幸福的国家，丹麦人自己也这么觉得。

第一个理由是这里生活很轻松，他们工作很少，假期很多。欧盟成员国年平均工时是1749小时，丹麦人只有1559小时，他们不仅每天下午四五点就可以下班，而且年假总是长达六七周。7月份，整个国家差不多都要关门歇业，因为丹麦人要成群结队地出门度假。

第二个理由是信任感，丹麦社会里，人与人之间的信任度特别高。在这里，大人可以把婴儿和婴儿车放在门口，自己到店里去喝咖啡，而不担心小孩会被偷走。信任，当然会让社会更有凝聚力，人们的生活压力小，不用时时防范各种未知的风险，自然要幸福些。

可是，他们真的很轻松吗？还是他们不愿意直视自己的问题？据迈克尔·布斯调查，丹麦人的税负极高，人们要将所有收入的三分之二用来交税。虽然社会保障很好，但是也造成了许多人不思进取，靠社会保障过活，并且这里的工作效率并不高。

作者怀疑丹麦幸福论不过是丹麦人的一个自我实现的语言：他们知道自己在这类国际性调查问卷中享有好名声，所以他们假装比实际更幸福。这就是迈克尔·布斯干的事，他不塑造神话，他来审视神话。

除了丹麦，迈克尔·布斯还考察了冰岛、芬兰、挪威和瑞典。

关于冰岛，那里虽然只有三十多万人，却有着一个国家该有的一切。这当然很了不起，但也有许多弊端。因为人少，这个国家里每个人基本上都互相认识，关系网络太发达，容易滋生腐败。

关于芬兰，最有名的是它的教育和芬兰浴。迈克尔·布斯对这两者都做了考察。为什么芬兰的教育远超欧洲其他国家呢？答案是，这里的老师必须取得博士学位。至于芬兰浴，这里有全书最有意思的一节，作者亲身体验了一把蒸桑拿，充分体现了他的吐槽和幽默功力。

关于挪威，这个国家相当有钱，因为他们拥有大片油田。不过这里也有着全北欧最严重的种族问题。

关于瑞典，北欧其他几个国家的人都不怎么喜欢它，因为在“二战”期间它坚守中立，实际上默认了德国对友邦的侵略，它在战后的崛起，也正因为其他国家需要恢复元气。

这当然只是蜻蜓点水地截取了迈克尔·布斯关于北欧各个国家看法的只言片语，但是也可以看出作者的用力所在。他很像民国时期初出国门的中国人，在欧洲各国游览，关心的并不是风景，而是制度和文化。

难得的是，迈克尔·布斯并没有因此而让整本书变得无趣，他将二手材料和亲身经验结合得相当好，他眼光独到，并且十分幽默，由他做伴引导，这一路绝对不缺笑声。

不像游记的游记

《老巴塔哥尼亚快车：从北美到南美的火车之旅》
作者：[美] 保罗·索鲁
译者：陈朵思 / 胡洲贤
出版社：黄山书社

一

刚刚过去的长假，我哪里也没有去，待在家里，倒是看了一本奇妙无比的游记——美国作家保罗·索鲁的《老巴塔哥尼亚快车》。读这本书，比一趟乏味的旅行要有趣得多，它充满个性，并且十分带劲儿。

是的，带劲儿，这是一种难得的阅读感受。有些书也许文笔优美，使人沉醉，或者深言大义，引人深思，但是这本书却能让你兴奋。

激起你的情绪，让你手不释卷跟着他一路前行，这是保罗·索鲁的独门秘籍。

二

这位已经年过七旬的老头，在世界各地游荡过半辈子，除了南极，他几乎走遍了所有大陆。然而事实上，他最早是以写小说为志业的，60年代，准确说是1963年，保罗·索鲁在大学毕业后，加入了一个为发展中国家提供技术服务的志愿者组织，被派遣到非洲马拉维教书。

之后，他转入乌干达马凯雷雷大学，在那里结识了后来对他影响很大的印度裔英国作家——也是日后诺贝尔文学奖的获得者——V.S.奈保尔，他和奈保尔之间亦师亦友，后来反目成仇，也是一段文坛八卦，这里不谈。话说正是在乌干达时期，他出版了第一部小说《瓦尔多》，正式开始文学生涯。

后来，索鲁离开了非洲，到新加坡大学英文系教书，

1971年又迁往伦敦，定居英国，这时候，他不想再当个教书匠，而渴望成为一名自由作家。但是，现实窘迫，虽然已经出版了好几部小说，但是收入不佳。为了摆脱经济窘境，索鲁和出版商谈妥，进行一次长途旅行，然后出版一部游记。

拿到一笔预付金之后，索鲁从伦敦出发，乘火车横跨了欧洲，经土耳其进入亚洲，然后经过伊朗、巴基斯坦、印度、新加坡、越南等地，最后到达日本，这是1973年，他花了四个月的时间完成了这趟旅行，并出版了《铁路大巴扎》一书。此书一经出版，立刻成为畅销书，并跻身旅行文学经典之列，从此以后，索鲁再也不必为生存烦恼，开始了真正的自由作家生活，一手写小说，一手写游记。

继《铁路大巴扎》之后，保罗·索鲁还进行过很多次壮游，1979年，三十八岁的索鲁从美国波士顿出发，一路搭火车，穿越国境线到达墨西哥，继续一路南行，经过危地马拉、洪都拉斯、萨尔瓦多、哥斯达黎加、哥伦比亚、秘鲁、玻利维亚等中美洲南美洲国家，最终抵达大陆最南端，阿根廷的巴塔哥尼亚。这次旅行，写成了《老巴塔哥尼亚快车》。

此后，他还出版了徒步英国旅行的《到英国去的理由》，在中国搭火车旅行的《骑乘铁公鸡：搭火车横越中国》，以及南太平洋游记《大洋洲快乐岛》和环游地中海的《赫丘力士之柱》等书。

三

保罗·索鲁的游记之所以吸引人，因为它很不一样。它绝不是旅行指南，它从不告诉你哪里好玩，哪里必须一去，甚至在旅途中，他根本不在意景点，他在意的是过程。

他说："我感兴趣的是在晨光清醒之后的故事：从熟悉到有点陌生，到颇为新奇，到全然不识，最后置身于奇乡异地。重要的是旅程，而非抵达；是旅行，而非降落。"

《老巴塔哥尼亚快车》写的是去往巴塔哥尼亚的旅行，但是关于巴塔哥尼亚，他根本没费什么笔墨，到了，然后再见，他不会像简·莫里斯的游记一样（比如《的里雅斯特》），从各个角度（历史的、人文的）去解读一个城市，一个目的地。他飞掠过整个大陆，然后回家。

有人说，保罗·索鲁的游记不像游记，也许，这正是他的书写迷人的地方。它像什么呢？它像小说。主人公自然不必说，正是索鲁本人，以《老巴塔哥尼亚快车》为例，我们在第一页遇见他的时候，他刚刚上了一辆地铁，我们对他还不太熟悉，但是我们已经知道，他要一路坐火车，穿越美洲去最南端的巴塔哥尼亚。

他有一个遥远的目标，然后一路前进，他遇见了许多人，他和他们谈话，评价他们，他写自己的感想，有时候也描写景色，我们越来越了解他了。他是一个中年男人，尖刻，有一点精英意识，不好相处，但也富有同情心，喜爱文学，对人事都有一针见血的眼光。

经由他的眼睛，读者仿佛也穿越了整个美洲，进入不同的国家。虽然场景琐碎，总是一列火车接着另一列火车，但是，我们就是离不开眼睛，想要知道下一刻他又看到了什么，遇到了谁。因为，我们从心底里，也渴望自己能够出发。

这正是保罗·索鲁的秘籍，他把我们都带上了，他不会突然就到了某个景点，然后大谈一番感受，他不是散文化的写作，而是连续的，情感和故事性的讲述。正因为此，在这个信息唾手可得的时代，保罗·索鲁的游记依然闪闪发光，他的游记里，最重要的从来不是目的地，而是旅程；不是景点，而是经过；不是风景，而是生活。他不大去各种风景名胜凑热闹，而喜欢在普通人的生活空间里活动，就像他说的，他“既不是徽章游客之一，也不是背包队的一员”，他走在两者之间，他是一个移动的观察者，同时他也在生活。

他说：“旅行并不是度假，通常也是休憩的反义词。”好好享受并非他的心愿，反而“少许冒险、一些危难、某种突发事件、身临其境的不舒适感、与自己做伴的经验”才是他想要的。他不属于现代旅游工业，倒有几分大航海时代冒险家般的壮志。

他的旅行，不是休闲娱乐，而是发现这个世界。看完这本书，我也想出发。

大旅行者的时代

《世界历史上的前近代旅行》
作者：[美]斯蒂芬·S.戈斯/[美]彼得·N.斯特恩斯
译者：苏圣捷
出版社：商务印书馆

旅行和商业结合之后，诞生了旅游业，于是，世界那么大，你随时可以去看看，只要报个团，直接飞到地球的另一边，海角天涯，都在你的掌握之中，过不了多久，只要你想，恐怕月球也能去。

旅行再也不是一件难事，在商业的驯服之下，逐渐成为一种类似于看电视、打网球的消遣活动。保罗·索鲁时不时在游记中嘲讽的观光客，正属此类。观光和购物一样，只是一种消费方式，至于为何消费，则不需要追问，消费已经成为这个时代最大的正义。

旅行碰上消费文化，是它得以昌盛而又逐渐渺小的第一个原因，而更大的背景，是世界变平了，地球上似乎再也没有哪个角落未曾被踏足。每一个国家和地区的资料都随时可得，我们虽然一无所知，但是却自以为无所不知，我们看过许多电视节目，世界上最著名的景点早已了然于胸。知识和信息的传播当然是好事，但也许有一个小小的副作用：我们丧失了许多惊奇的可能。

就像唐诺在《尽头》这本书里探讨小说的尽头，旅行很可能也走到了尽头。没有什么故事是崭新的，没有什么地方还可以被称为处女地。当然，小说还在继续，旅行仍然兴旺，只是，它们很可能都过了那个最璀璨的时期，那个大小说家大旅行家辈出的时代。

《世界历史上的前近代旅行》这本书所关注的是现代意义上的旅行成形之前的旅行，从远古时代到公元1500年之间，在这个世界上，有过哪些重要的旅程，出现了哪些重要的旅行者？他们为什么千里跋涉，离开家乡？他们的旅行带来了什么影响？这本书试图回答这些问题。

故事要先从很久很久以前讲起，那时候，我们的祖先还在非洲奔跑，因为狩猎的需要，常常进行长距离迁徙。但这还不是旅行，这本书定义的旅行，需要满足一个条件：出发，但是还要回来。

旅行并不是件简单的事情，首先需要技术支持，其次，还需要动机。公元前4000年，驴子在西亚和北非地区被驯化；公元前3000年的某个时刻，苏美尔人发明了轮子；此后很多年，越来越多的工具被发明出来，人们进行长距离旅行的能力大幅提高。

但是，动机呢？为什么要长途跋涉？

在前近代时期，旅行的动机有不少，但还没有“观光”这样的理由，那时促使人们进行长距离旅行的原因是：战争、贸易、政治、宗教。

早在公元前2000年，从位于美索不达米亚平原的亚述首都亚述尔出发的商人就开始了向科尼什进行定期旅行。商业，几乎是人们进行长途旅行的最大动因。不过商旅人士往往没有留下什么文字记录。

本书着重记录的几场旅行都发生在后古典时代，也就是公元500年至公元1500年之间，这段时间，欧亚大陆出现了重要的文明，并且实力稳固，得以保证旅途中的安全。另外，佛教、伊斯兰教、基督教的兴起、扩散，使得长距离旅行有了更多的加入者。本书大书特书的几位大旅行者，几乎都是因为宗教的缘故远行的。

其中我读来最津津有味的，莫过于对玄奘西行的叙述。作为中国人，我们都知道这位唐朝和尚的伟大旅程，但是具体怎么走的，恐怕并不清楚。看这篇文章，如同看故事书，心潮澎湃。原来玄奘十二岁就出家，二十二岁受具足戒，勤奋好学，却苦于佛教经典歧义太多，所以准备去印度取经。他此去十六年，行程超过一万六千公里。一开始是一个人，从长安到甘肃，抵达玉门关还遭到了逮捕，行路困难。到达哈密之后，受到当地国王的欢迎，并给予了大批赏赐，之后，经过吐鲁番、西突厥、巴尔克、克什米尔，最后抵达印度。回程的时候，很风光，印度皇室赐予了大量赠礼和随行人员，其中还有一头大象，可惜死在了帕米尔。想一想法师带着大象的队伍，蛮好玩的。

随着佛教势力在中亚和印度本土衰弱，佛教徒的远行就此告一段落。随之崛起的是伊斯兰教和基督教，代表人物是伊本·白图泰和马可·波罗。伊本·白图泰的旅程长达二十四年，走遍了伊斯兰国家并到达了印度和中国。马可·波罗的旅程也是二十四年，十七岁的时候他和父亲、叔叔一起踏上前往中国的旅程，在中国待了十七年后启程回国，那时他已经三十多岁了。

实际上，现在仍然有许多半辈子都走在路上的旅行者，但是，他们很难称上大旅行者，因为上面提到的这些人不仅仅是旅行的里程和故事令人佩服，对世界的进程也起到过不小的作用，之后的大航海时代，更是如此。

这个世界都已经不再新奇，这个时代的旅行者，可能不那么伟大了。不过这样其实也不赖，从经济、政治、宗教等大问题下抽离开来，旅行仍然还有意义。正如阿兰·德波顿在《旅行的艺术》中告诉我们的，旅行，让我们更好地去生活。对于这个渺小时代的渺小的我们，不也足够了吗？

抬起头，克服对生活的惰性

《奇石：来自东西方的报道》
作者：[美] 彼得·海斯勒（何伟）
译者：李雪顺
出版社：上海译文出版社

2011年3月份日本发生大地震，那时候我正好在老家。那天上午，我拎着相机独自来到镇上，试图拍下一些照片。我走过造纸厂，拍下了一张它的围墙，它还在运转，烟囱里冒出黄色的烟。我记得读初中时骑自行车上学，经常会在路上看到载着干稻草的拖拉机，稻草堆得老高，远远超过拖拉机本身的容积，我们用一只手抓住拖拉机上的稻草，一只手扶稳龙头，享受免费的自动行程。据说那些稻草的最终归宿就是这个造纸厂。

我继续往前走，街上很安静，可以听到路旁的小超市里人们正在讨论抢购食盐的问题，有一个老人从我前面走过，我拍下了她的背影。然后我一直往下走，走到几乎废弃的火车站，这里曾经有过许多传说，我小时候听过最恐怖的故事就是有人被火车撞得“五马分尸”，需要胆大的人拿蛇皮袋去铁轨附近捡尸体。

现在这里已经没有火车停靠，提速的火车忽略了这座已经萧条的小镇，除了一个厕所和一小片菜地，只有一幢挂着“招待所”招牌的空楼房站在那里。这个曾经热闹过的镇子因为国营工厂的悉数关闭，渐渐被时代抛到了后头，除了街心菜市场那一块，处处都显得宁静。

我回到热闹的街心，发现有一个幼儿园开在曾经是电影院的后头，很多孩子在一个大院子里疯跑，我走近，举起相机准备拍几张孩子们玩耍的照片，还没等我调好快门，就有一个大姐冲到了我面前，呵斥我不要拍照，并问我想干什么，我说我不干什么，她很生气地看着我，让我赶紧走开。

后来我对拍照兴趣减淡，时间也慢慢被工作填满，很少外出，日复一日生活在城市的规定日程里，已经很少面临冲突，面临陌生环境。对于这个国家的一切，开始习以为常。

当我看到何伟的《江城》时，我知道自己有多糟糕。在那本书里，何伟讲述了他90年代在涪陵某学校教书时的经历，他是个美国人，走在街上会有许多人围上来看热闹，但是他仍然乐此不疲地四处行走，记录下了许多精彩的人物和故事。

接着又读了《寻路中国》，他住在离北京不远的河北农村一户农民的出租房里，开着租来的汽车从北京一路向西行驶，又在温州的某个小城观察生活。柴静说，通过何伟的文字，我们看到了一个“我们熟视无睹的中国”，这不仅是外国人视角的关系，更是缘于我们对生活的惰性。

以我为例，生活在城市，坐公共交通上下班，吃快餐，看电影，到商场买衣服，去理发店理发，偶尔去城市周边游玩。一切都在可预见的范围之内发生，都在被消费所掌控，唯一一次例外是信错了网上的指南，跑到了一处偏僻但毫无景致可言的海边村庄，那天天气炎热，摩托车带着我们在山路间穿梭，日后回忆，它可能比去一次游乐场更有意思。但我越来越少有这种体验了。

何伟的《奇石》是他关于中国的第四本书，相对于前三本，这是一本主题并不那么明确的合集，文章从他十年来为《纽约客》的供稿中选编而成，共二十四篇，大部分是写中国，但也有几篇关于美国、埃及、日本，总体来说，这仍然是我们熟悉的何伟，虽然短篇没有长篇叙述来得过瘾，但切片式的观察另有一种斑斓。

何伟从来不害怕陌生，他去广东吃老鼠肉，去因三峡工程即将被淹没的村落寻访，去号称“中国巴比松”的油画村一探究竟，在朝鲜边境的旅社里和一个小偷正面相对……

这是我在文章一开头讲那段没头没尾故事的原因，在那一天，我处于一种四处探寻的状态。即使范围很小，却处处吸收着陌生的信息，由于那是我曾经生活过的小镇，陌生中还夹着熟悉。是何伟的文章唤起了我对于那天的回忆，我希望自己能够重新找到对外部世界好奇的感觉，而不是成为一具走到哪里都盯着手机的躯壳。

抬起头多看看眼前，不要错过这个丰富有趣的世界。

只是这样一种生活

《兰屿之歌 清泉故事》
作者：［美］丁松青
译者：三毛
出版社：北京十月文艺出版社

我们很多人，终其一生都生活在同一个地方。即使是旅行，也只是短暂的离开。要真的跃身于另外一个世界，扎下根来生活，不仅仅需要好奇心，更需要非常大的勇气。我自知还不具备这样的勇气，对于世界的野心也日渐缩小，但仍然喜欢看。我喜欢看到别人通过文字记录下来的远方，犹如《冰与火之歌》里的一种异术，借由狼或者鹰的眼睛看见千里之外的世界，而我的狼与鹰，就是书本。

通过李娟的文字，我看到中国遥远边疆阿勒泰的生活情状，在深夜里遥想着寒风和牧场，好像我就在羊群中间。通过三毛的书写，我看到更为遥远的撒哈拉沙漠，看见骆驼，看见在灼灼烈日的沙漠上生活的人。通过丁松青的文章，我返身来到台湾，来到台湾的海角和深山，深入当地人的世界。

丁松青是一个美国人，生于1945年，九岁便立志做神父，十八岁进入耶稣会修道院学习，二十四岁到达台湾。他就是我所说的敢于奋身跃入另一个世界的人。在台湾的第三年，他到台湾东南海岸的小岛兰屿做见习修士，与当地雅美族人生活了一年。五年之后，他又前往新竹山区的一个叫作清泉的地方任职神父，和山地里泰雅族人一起生活了六年。

这些生活，他写了两本书，一本叫作《兰屿之歌》，一本叫作《清泉故事》，翻译者是三毛。1972年，三毛在兰屿遇到丁松青，辗转多年，他们再次联系上，丁松青已经从见习修士成为真正的神父，三毛收到他的书，大为欢喜，于是译成了中文。

我也非常喜欢丁松青的文字，因为他本来不是以文章为志业，所以写得更加单纯，一个个人，一件件事，记下来，没有过多的修辞和感怀，只是这样一种生活。只是这样一种生活，已经足够动人，因为我们都不曾这样诚实地生活。更重要的，丁松青细腻而平和的笔调，真真切切勾勒出了兰屿和清泉的样子。

兰屿是一个岛，这个岛上居住着雅美族人，他们有自己的习俗，有自己关于开天辟地的传说，很久以前，这里几乎与世隔绝，但是日本人占据台湾的时候，将这里划入了势力范围，等到国民党军队进入台湾，自然也没有漏掉兰屿。现在，在丁松青来到这里的70年代，海岛又出现了新的问题。

那时台湾的经济开始发展，现代化的种种影响辐射到遥远的海岛，人们一面遵守着古老的生活习惯，一面向往着富足精彩的外面的生活。

丁松青在这样的矛盾下登上海岛，也陷入了矛盾，不知道如何去帮助他们。给他们吃的？不够分，甚至会让他们变得更加懒惰。不管不顾？他们确实有很多人吃不饱。他正是在这样的情况下，守着教堂，充当医生和老师，给村里的人看病，教孩子们读书。渐渐地，他融入了当地人的生活，下海上山，吃飞鱼，吃地瓜……

他认同小学里刘老师的话：“钟鼎山林，各有天性，有人爱教书，有人喜欢绘画唱歌。如果我们所有人都要改变雅美族人，他们会讨厌，如果我们所有人都要接受他们现在的生活，他们也会讨厌。适合每一个人自己的路就是正确的路。”

他在兰屿积极地生活着，记下了许多有趣的人和事。比如男人有男人吃的鱼，女人有女人吃的鱼，小孩子和老人都有各自吃的鱼，互不相同。比如父亲和儿子共用一个名字，不是孩子继承了父亲，而是在孩子降生的时刻，父亲会将名字改成与孩子一样。

这让我想起李娟的《冬牧场》，借由那本书，我知道哈萨克牧民是怎样过冬的，怎样做冬窝子，怎样找雪蓄水。但是，真正让我喜欢的，不仅仅是这些“知识性”的细节，而是遍布在每一个文字里对于生活的态度和文字传递出来的美，这是不好言说与总结的。关于丁松青的书，也是一样，我只能讲述可以描述的部分，而那些不能描述的地方，才是真正精彩的地方。

叛国的六十二岁间谍卡瑟尔

《人性的因素》
作者：[英] 格雷厄姆·格林
译者：韦清琦
出版社：译林出版社

年初看了唐诺的《尽头》，它比之前那本《世间的名字》还要厚，四十八万字，不知道该称为散文还是别的什么。看完一遍，把书放起来，没有写出任何一个字，即使我已经拟好了题目——一次溃不成军的阅读。

今天我不打算谈这本书，也许以后再谈。我要说的是《尽头》的第十四章《叛国的六十二岁间谍卡瑟尔》，这个间谍来自英国著名作家格雷厄姆·格林的小说《人性的因素》。

格雷厄姆·格林一生著作颇丰，小说混合了宗教、侦探、间谍和心理等多种元素。他将自己的作品分为“严肃的”和“消遣的”两类，一面严肃，一面消遣，左右开弓，野心大，手笔也大。《人性的因素》出版于1978年，格林已经七十四岁，小说的内容与格林自己的经历有关，早年他曾作为军情六处的官员被派往非洲，而这本小说的主角是一位双面间谍，一个叛国者，曾经在非洲工作。

当然，我们可以把这本书归类进“间谍小说”的框框里去，但是如果你当真以看“间谍小说”的预期去看《人性的因素》，铁定要失望，因为这里根本没有你需要的惊险情节，就连悬疑的气氛都接近于零，没有什么被掩盖的需要去揭秘，没有什么谜题需要读者费尽心思去猜。在我们通常所见的通俗小说里，一定有一个重大的线索在进行，有一个特别明显的道路需要我们共同去走，有一个结局等着我们。但在这部小说中，情节的起伏不是最重要的，人物的内心世界才是最重要的；发生了什么事不是最重要的，为什么以及怎样发生才是重要的。

格林缓慢地揭示了一个老间谍的叛国之路，不为主义，不为国家，而是因为爱，因为感激。其实这些也不重要，重要的就像昆德拉说的："每次我想读这本书的时候，我都习惯随意翻开，哪一页都好，也不去管上下文会是什么；就算是'故事'还在，它也是进展缓慢，毫不爱出风头，完全无意于将读者的注意力吸引到它身上；每一篇章自身都构成令人惊奇的理由，因为每一篇章都是一项发现。思考尽管无所不在，但不至于减损小说的小说特征；思考丰富了小说的形式，并且不可限量地开拓了所谓'唯有小说能发现和述说的'范围。"

《人性的因素》以一种不那么坚硬的方式讲述了间谍这一工作，他回避了那些我们通常所想象的惊险刺激的内容，卡瑟尔干了一辈子间谍，每天的工作不过是没有人在乎的上下班，即使是间谍，也有无聊的情绪，以及所有人都面临的孤独。

整部小说不仅卡瑟尔一个人物，丹特里，一位更高级别的专员，与妻子离婚，和女儿关系不妙，如果不是情报工作，他可以是任何一个面临中年危机的男人；戴维斯，卡瑟尔的同事，酗酒、懒惰，追求女秘书不果，成天想着离开。

在这个不被重视的机构里，每个人都有自己的内心惆怅、孤独甚至仇恨，一旦被撕开一个口，那个饱和的气囊便开始漏气，我们见证了这一切，一个缓慢的，不是爆发，而是熄灭的过程。

5

第五章

读在大好时光

读书是一件快乐的小事，一件私人的事，一件重要的也是简单的事。

每个人都可以读书，但每个人对待书的方法，都将与众不同。我热爱一切关于书的书，书评也好，随笔也好，掌故也好，八卦也好，只要和书相关，我都爱看。有时候，爱读书的人就像守财奴，他们希望从别人那里知道更多关于书的消息，他们对于书的一切都津津乐道。

在这一章，我们将会去一些行家那里取经，听听他们关于读书的意见，关于好书的分享。重要的是，从这些书里，一再一再地确认，读书真是一件好事，全然不负你我这大好时光。

英国女王在读什么书？

《非普通读者》
作者：［英］艾伦·贝内特
译者：何宁
出版社：广西师范大学出版社

《非普通读者》满足了我的两个癖好，一个是偷窥欲，一个是书瘾。

这本书讲述的是英国女王与读书的故事，作者是英国剧作家艾伦·贝内特。关于艾伦·贝内特和女王，有个八卦值得一提。早在1988年，女王曾打算赐予作家爵位，但被拒绝；1996年，女王再次赐封爵位，仍然遭拒。事实证明，女王碰见了一个“傲娇”的男人。然而，很多年后，这位“傲娇”的剧作家却写了一本关于女王的书。

那么，女王会读书吗？女王怎么读书？女王读什么书？嗯哼，这就是我所说的偷窥欲。很小的时候我就对名人的生活感到好奇，特别对他们使用什么样的牙膏感到困惑，直到现在，这仍然是我心中的一个谜团。不过先不管牙膏了，书也是私人生活的一部分，了解女王是怎样读书的，难道不是一件很有快感的事情吗？

另外，还有书瘾。这里说的书瘾不是指读书有瘾，而是对关于书的书有瘾。只要一本书是关于书的，不论是小说、故事、散文还是谈话录，我都爱看，这可能是一种病，反正不至于影响健康，我就不治了。

抛开我的个人癖好，《非普通读者》仍然是一本有意思的书，并且很好读。首先，它短，只有几万字，快则一个小时，慢则两个小时一定可以看完，再没有时间的人面对这本书也不会感到压力，上下班的路上就可以搞定。说不定还能激起读书的信心。

其次，这本小书行文流畅，情节虽然不复杂，但也能吸引人读下去。故事讲的是女王因为巧合进入了一个流动图书馆，从此渐渐爱上读书的故事，随着故事的推进，作者在读者的心中埋藏了一个个疑问：女王会因为读书而发生什么改变？而这些改变又将如何影响女王，甚至影响国家？

再次，作者的文字本身充满趣味，字里行间藏着许多幽默和嘲讽，对政治，对官员，对不读书的人，当然，作者也不放过女王本身。

最后，这本书借女王之口谈到了读书的方方面面，读书的开始、读书的习惯、读书的目的、读书没有时间怎么办、读书会引发写作的欲望等等，如果你是一个经常读书的人，必然能从书中得到共鸣。

比如，女王的读书习惯是一定要把一本书读完，因为她“从小受的教育就是这样。书也好，面包、黄油和土豆泥也好，在我盘子里的就要吃完”。比如女王和我们一样发现“书与书之间彼此相连，自己开始不断地接触新的领域，根本没有时间读完所有自己感兴趣的书”。

比如当司机回答女王没有时间读书时，女王告诉他“许多人都这么说，但我们要找出时间来读书”。比如关于为什么爱上书，女王的回答是：“因为文学根本不在乎它们的读者是谁，也不在乎有没有读者。在书籍面前，所有的读者都是平等的。”

女王在这本书中给自己的定义是“迟学者”，到了晚年才开始学习的人。但她热情不减，日渐痴迷，最后终于在书的最后一幕宣布退休，因为她准备要去自己写一本书。

是的，这是一个虚构故事，英国女王现在应该仍然住在白金汉宫，忙碌于国事。她到底读不读书，外人还是不得而知。然而阅读这本关于她的“虚构阅读史”仍然有意义，因为艾伦·贝内特在书中写到的关于读书的种种都是真的。这难道还不够吗？

没有书店的地方，算不上一个地方

《岛上书店》
作者：[美]加布瑞埃拉·泽文
译者：孙仲旭 / 李玉瑶
出版社：江苏凤凰文艺出版社

我和A. J. 弗克里都喜欢读书，并且都喜欢短篇小说，不同的是，他在美国马萨诸塞州东南部的一个小岛上开了一家书店，而我空有一个并不明晰的书店梦。

A. J. 弗克里是个古怪的人，在很多人看来，他并不容易亲近，不过他倒是真的喜欢读书，以至于学业还未完成，就跑去偏僻的小岛开起一家书店，和他一同回来的还有妮可，他的妻子。他们的婚姻很幸福，即使书店并不赚钱，但他们并不觉得有什么问题。

最大的问题是，妮可在一次车祸中去世了。A. J. 弗克里孤身一人守着书店，成天酗酒，事情朝着悲剧的一面滑去，就连他珍藏的一本爱·伦坡的珍版书也在这时被盗了，人生低谷就是指这种时候吧。好在他挨了过来。有人在书店里留下了一个两岁的女孩，他收养了她，日子继续朝前，他再次恋爱，结婚，步入幸福生活，被疾病抓住。

也许真的有这么一个书店主人，在某个小镇上度过了这样平凡但美好的一生，但不是A. J. 弗克里，A. J. 弗克里是虚构的，他是畅销小说《岛上书店》中的主人公。而我刚刚读完这本书。

老实说，我对这本书的感受有些矛盾。按小说的技艺标准看，《岛上书店》可不怎么样，说得不客气一点，它就是个大俗套故事。它是以情节推进的小说，而糟糕的是情节总是来自外力。比如车祸，书中有两个人因为车祸去世了，一个是主人公的妻子，一个是主人公的姐夫；还有孩子，莫名其妙地到来了，从此驻扎在故事中央；甚至恋爱也开始得不清不楚，没有多少铺垫，就这么爱上了。

人物呢，自然也不够丰满，他们随时准备改变性格特点，以遵循作者安排的情节。这些情节非常戏剧化，却没有多少想象力。可以这么说，它是一本很适合被改编成电影的小说，而不是那种无论怎样改编都会使导演看起来有点蠢的小说。

但是，我又喜欢这本书。因为，这毕竟是一本以读书人、以书店为主题的小说。书里面提到了太多的书名，甚至每一章的标题就是某篇小说的题目，并且你总能在描写中读到很多只有喜欢读书的人才会心领神会的细节，关于书店，关于读书会，关于读书本身，甚至还提到了电子书和纸质书的争论呢。

这大概就是这本书能够畅销的原因，它一网打尽了两群人，爱看故事的读者和也许没那么爱看通俗故事但爱读书的读者。对于爱看故事的读者，作者最后把主题升华到了“爱”，一个悲伤的故事，一个教人去“爱”的故事，这种治愈系故事总是无往不利；对于另一批读者，它只用了一招，就是这是一个关于书店与书店主人的故事，而当作者两次借角色之口说出“没有书店的地方，算不上是一个地方”时，我多少还是会心有戚戚。

这并不是一本好小说，但也许是一本会让很多人喜欢的小说。

不要抱着开卷有益的野心

《读书随笔》
作者：叶灵凤
出版社：生活·读书·新知三联书店

叶灵凤的书我从前没有读过，但这个名字，倒是听了好久。一则是他藏书家的名声很大，许多文章里提到；一则是他曾和鲁迅打过笔仗，被鲁迅冠以“流氓文人”的标签，那时他才二三十岁。

叶灵凤是一百年前的“00后”，鲁迅是“80后”，差着一辈。他本是学画的，但是还没毕业，文名已超过画名，日后干脆不再作画，投身于写作了。早年写过小说，后来只写散文、随笔，其中以读书随笔最多。不过他得罪鲁迅的却是长篇小说《穷愁的自传》，他在书里写下这么一句："起身后我便将十二枚铜元从旧货摊上买来的一册《呐喊》撕下三页到露台上去大便。"

鲁迅先生当然不是好惹的，撰文回击，日后在其他文章里，也不忘带上一笔。后来《鲁迅全集》出版，注释把叶灵凤定义为"汉奸文人"，这一帽子就这么扣上了，虽然最新出版的全集已经修改，但影响总是在的。

抛开这一桩"公案"，前两年出版的《书淫艳异录》也很是引起了我的兴趣。这是叶灵凤在1936年上海《辛报》和1943年香港《大众周报》连载的专栏结集，专栏也是谈书的，可是谈的全是"淫书"和"淫事"。看看文章标题，大可震慑你的眼目，比如"兽奸""露体狂""尸奸""卖淫考"云云，非同一般，何况还是20世纪三四十年代的文章。

可惜这本书我一直没有读到，黎戈一再推荐的《香港方物志》也没有读到，刚刚读完的是三联书店出版的《读书随笔》，2008年出版的单行本。这本书所收文章横跨四五十年，最早的写于20世纪二三十年代的上海，最晚的写于20世纪70

年代的香港。

他早年一直活跃于上海文坛，写文章，办报纸，买书，读书，藏书。抗战时到了香港，从此住下，仍然是买书，读书，写作，一辈子没有多少变化，是个实实在在的读书人。

他读得博杂，兴趣广泛，最爱的是文学和美术，仅就这本书里，既谈到西方文学经典，也有美术方面的好书介绍，甚至古书旧文也不放过，附录里还有译文，真正是个“杂食动物”。然而因为我自己既对美术没有涉猎，古文也不精通，最爱看的，还是第一部分关于文学的诸多文章。

毫无疑问的一点是，他确实写得好。说读书随笔好，我一般有三个要求，第一文字本身不赖，第二要有趣味，第三有自己的品位和取舍。如果还能自如出入各种文本，带来掌故和八卦，自是再好不过。按他自己的话说：“将自己读过了觉得喜欢的书介绍出来，是应该将这本书的作者、他的生平和一点有趣的小故事，融合着这本书本身来一起谈谈的。”

他也正是这么做的。世人都知道有《十日谈》，但很少有人知道《七日谈》和《五日谈》，他写这三本书的流变和自己读书的感受，兼具知识和趣味性，十分耐读。关于歌德和席勒的友情，关于毛姆的八卦，王尔德的往事，他全都门儿清，一一写下来，是睡前消遣的良伴。

读这本书，很容易感到读书本身的乐趣，以及作者对于书的闲适和从容。他在书本末尾的跋里写了一段关于读书的话，很是受用，抄录如下，顺并结尾：

> 读书是一件乐事，藏书更是一件乐事。但这种乐趣不是人人可以获得，也不是随时随地可以拈来即是的。学问家的读书，抱着‘开卷有益’的野心，估量着书中每一个字的价值而定取舍，这是在购物，不是读书。版本家的读书，斤斤较量着版本的格式，藏家印章的有无，他是在收藏古董，并不是在藏书。至于暴发户和大富贾，为了装点门面，在旦夕之间便坐拥书城，那更是书的敌人了。
>
> 真正的爱书家和藏书家，他必定是一个在广阔的人生道上尝遍了哀乐，而后才走进这种狭隘的嗜好以求慰藉的人。他固然重视版本，但不是为了市价；他固然手不释卷，但不是为了学问。他是将书当作了友人，将读书当作了和朋友谈话一样的一件乐事。

所以，少谈八卦多读书

《各自爱》
作者：黎戈
出版社：九州出版社

黎戈是这个时代里一个好读者的典范。她读得勤恳、用心，把自己放进去，理解作者，感受文字，她把书当作生活，最重要的，她对此没有一丁点的傲慢。

傲慢，这是现代病。消费主义激发了人们的懒惰之外，更培植了人心的傲慢。当你拥有挑选和批评一样商品的权利，当你处于无数诱惑和选择之中，当商家们狡猾地宣称“消费者就是上帝”而你听进耳朵，你会发现选择这一个，而不是那一个是一种恩赐，你会以为自己是它们的主人，包括书。

也许是书籍疯狂印刷的副作用，也许是“敬惜字纸”的时代真的过去了，人们读书的耐心正在下降，大部头除了装点门面，已无市场，哲学不如心灵鸡汤，文学不如流行故事。人们需要轻松一点的，舒服一点的，口感好一点的，他们说：“人生已经这么艰难，还不让我在读书时快活一点吗？”

这当然无可责备，但当大部分人都在阅读上不肯花费力气时，黎戈才显得如此难得。她在《各自爱》里写道：“每天，我对着书本的时间略等于一个正常人的工作时段，至少八个小时。”而她并不是老师，不是编辑，也不是校对员，她只是一个普通读者。她对书本没有太多要求，她大量阅读，只是想“去看看伟大的心灵”。

我很早就开始读她的文章，她写的不多，但持久；写的题材不广，但写得好。写得好是个很模糊的评价，具体来说，是她文字青翠、不扎眼、不炫技，并且眼光犀利，一眼看出一本书的好与坏。又加上她善于通感，对味道、颜色非常敏锐，看得多，眼界宽，同类比较来去自如。

除此之外，她的文章能够透出她的状态，一种手艺人的状态，教人喜欢又羡慕。手艺人是什么状态呢？就是只看见具体的一件事，比如烧陶瓷，眼睛里便只有陶土，手跟着转，不容疏忽，心无杂念，对手中在做的事情有敬畏、有感情，不与外界过度攀比，而专注于眼下。手艺人的心是澄净的、安稳的，对时间是有信心的。

黎戈正是这样。《各自爱》中有一部分叫“白色俄罗斯”，是她读旧俄小说的笔记，她读托尔斯泰，读契诃夫，读茨维塔耶娃，她不关心流行什么，她有自己的步调，尘世莫问。

写作也是一样，她不喜欢坐而论道的文章，因为那样的文章无须做资料准备，袖手空谈即可，虽然回应率高，但其实对作者和读者都是营养有限。她对自己的要求是，既然才能不足，那就尽量多写实在具体的东西，一本书，一个事物。尽量控制乘着文气而来的过度主观发挥，把文字压实一点。

她说：“我写文章也特别笨，从收集材料到信息处理，每个字都是一脸倦容，长途跋涉来到我笔下。”但即使如此，她也不向鸡汤文和麻辣烫文妥协。她对麻辣烫文的分析，非常精准，就是口舌犀利，看起来痛快淋漓的文章。它和鸡汤文看似完全对立，其实有相通之处。“就是靠或刺激或甜美的口感做小本生意，不在食材上下苦工。你读完以后，会有短时的安慰或宣泄的快感，之后呢，什么也不剩。”

书太多了，文章也太多了。读得用心，写更要用心。

黎戈说，她不希望临终回望，自己一生尽忙着和烂人较劲儿，和神经病耗神，“所以，少谈八卦多读书”。

我点头。

小说票友

《如何阅读一本小说》
作者：[美]托马斯·福斯特
译者：梁笑
出版社：南海出版公司

这个题目有点怪，读小说又不是一门学问，只要认字，把书本翻开，一个字一个字地读就好了，难道还有其他办法吗？

说得没错，当我们面对一本小说的时候，就是这么干的，我们坦诚地阅读它，发动想象力，和作者进行互动，为我们喜欢的人物揪心，为故事的走向激动。但是，事情并没有这么简单，难道你还没有发现？和这个世界上所有的东西一样，小说已经泛滥了。

市面上充斥着各种小说，爱情小说、悬疑小说、玄幻小说、科幻小说、推理小说、成长小说、战争小说……还有各种无法被类型概括的纯文学小说，除此之外，我们往后看一看，海明威、普鲁斯特、伍尔夫、D. H. 劳伦斯、简·奥斯汀、狄更斯、哈代……一个个阵列，让你几乎数不到头。这就是当代读者必须面对的残酷事实：书太多了。

抛去那些被时间淘汰的劣质品，以及时下流行的畅销小说，光是被认定为经典且值得一读的小说，就够你读的了。更麻烦的是，维多利亚时期小说、意识流小说、女性小说、元小说……各种流派风格同时站在你面前，全然不顾它们本来是先后发生的。这造成一种困惑，你很可能在一天之中经历几百年的小说变迁。

昨天和朋友讨论到一个问题，假使你懂得电影制作上诸如场面调度、镜头切换、表演等各种专业知识时，会不会妨碍你对一部电影更好地观赏？他的观点是会，因为这会令他分心，而不能全身心地投入故事；而我的想法则正好相反，了解电影是怎样产生的，只会让你在领略故事这个层面之外，拥有更多欣赏电影的角度，你会看得更深入。

小说也是一样。除了关注故事和人物之外，我们要不要再关注一些其他部分呢？如果你是真的爱电影或者爱小说，你肯定会好奇的，它们到底有什么秘密？

托马斯·福斯特的《如何阅读一本小说》就是来解密的。当然，在他之前，我们已经读到过很多关于小说的理论批评，比如E.M.福特的《小说面面观》，亨利·詹姆斯的《小说的艺术》，卡尔维诺的《新千年文学备忘录》，但和这些前辈不同，作为大学教授而不是小说家，托马斯·福斯特写得更轻松、更易懂，他像准备一堂堂课一样写下了一篇篇文章，他当然知道，一个好的老师除了知识过硬，还要能吸引人。

这本书几乎考察了小说的各个方面，我准备列一个清单，他所谈到的，包括：

小说的第一行和开篇

小说故事发生的地方

小说的叙述者

小说中的邪恶主角

读者与小说的互动

小说的章节

小说是否都有普遍性主题

小说中的信物

小说中的词语

小说中的句子和风格

意识流小说

元小说

小说写作的经验从哪里来

小说的互文性

小说的主题思想

是否存在原型小说

小说的结尾

…………

之所以列这么一个单子，是因为虽然作者分了章节，但如果你仅仅是看目录，完全看不出来他在讲什么，他把标题取得，呃，怎么说呢，太好了！你只有读下去，才能知道他在讲什么，然后体会到题目原来是这个意思。

那么，读完这本书，就会读小说了吗？

显然不行，要成为翁贝托·艾柯老师眼中的“标准读者”，路还很长，指不定你压根儿没这兴趣，但读过这本幽默的关于小说的书，至少你会对小说发展的历史脉络有个大致了解，对小说中的元素有一些认识，当你再去读一本小说时，你更有可能发现作者的秘密。

民国时期有一些戏迷，称为“票友”，也就是资深戏迷。票友看戏，也懂戏，有些甚至还会唱会演。托马斯·福斯特这本书，也是写给小说“票友”或想成为“票友”的人看的。

你是吗？

真正的爱情是很少的，一如读书

《书时光》
作者：张宗子
出版社：生活·读书·新知三联书店

我有两本常备身边的小书，一本是周作人《雨天的书》，一本是张岱的《陶庵梦忆》。它们小，但不轻薄，一字是一字，一句是一句，一个人对着雨天，对着夜晚默默读两篇，心绪可很快平静下来。嘈杂生活里，需要这样的沉淀物。

最近睡前读《书时光》，作者是张宗子。这个张宗子不是张岱，介绍里写是河南光山人，1988年去了美国，此后在《纽约侨报》和当地图书馆工作，闲余写散文随笔，2004年出版《垂钓于时间之河》，《书时光》是他的第二本书。

《书时光》分五个部分：在那风清月霁之宵、桃花万树红楼梦、小说奇境、苏东坡的世界、伥鬼逸事与闲说板桥。从名字可以看出来，都是古典文学，第一部分写的是《西游记》，然后《红楼梦》，接着各种古典小说，继而苏东坡和郑板桥。毫无疑问，这是一本关于书与读书的书。

关于读书，作者说："读书是生活中可有可无的东西，一如爱情。很多人终其一生都不会明白，他们以为是爱情的东西，不过是达成婚姻的手段而已，顶多是婚姻一段诙谐的序曲。所以，真正的爱情是很少的，一如读书。"

"一个喜欢读书的人，如果只是为了猎奇，那么，无论他读过多少书，知道多少掌故，具有多么深厚的知识，都是微不足道的。读书还必须向另一个方向开拓：读常见书，读历代的伟大经典。一方面，通过岁月的积累，对经典的解读已经成为经典的一部分，因此经典是一个活物，在不断增长和变化。另一方面，经典中确实有契合每一个读者的东西，等待那一个读者来发现。这是经典的宿命。"

读经典，正是张宗子在这本书里干的事，但不是"西方正典”，也不是孔孟老庄，没有那么严肃正紧，气氛是欢愉的。这不是学者的论文，是随笔，就像作者自道：“这些文字只是随兴所至，把那些我看出来的，或自以为看出来的东西写下来，并且希望它有趣，希望它表达了作为读者的某种善意。”

有趣，是张宗子文字在这本书里的最大特色。读《西游记》那些篇章，进入的点都是细小的空隙。比如谈“家当”，八戒有高老庄，时常惦念着回去，悟空花果山其实也了不得，佛门说万法皆空，对于家当则空不起来。观音菩萨逮着机会顺手牵羊，老熊精、红孩儿都给收走了，连取经最后，还得费费“人事”，最后作者总结：“没家当，是没有什么体面可言的。”

按着这意思，可以接着另一篇《沙僧这个人》来读，相比其他人，沙僧就没有家当，所以作者分析《西游记》中人物，沙僧其实最世故老成，在西行队伍中吃苦耐劳，勤勤恳恳，小心谨慎，不会轻易出头，也不犯错误，输不起，便夹起尾巴做人。

这已经有一些戏言的意味，早不是正襟危坐地谈论文学价值，文学地位云云，读的是古书，带入的视角，是现代的。

然则，作者文字感觉极佳，没有现在常见的浮躁气味，进出古书，恰是自如，从一本书讲开去，谈到老远，你也得跟着看，因为好读。读书而不囿于书，是很难得的境界。

张宗子说："人与书的相逢，无异于两个人的相逢，是终成陌路，还是永为知己，靠的是心有灵犀，靠的是缘分。"

至于你和《书时光》是心有灵犀，还是终成陌路，就要你自己来判断了。

木心都是假的

《木心谈木心：〈文学回忆录〉补遗》
作者：木心 讲述
出版社：广西师范大学出版社

《文学回忆录》出了补遗《木心谈木心》，很多读者高兴。也有人疑问，好端端，三年过去了，又补什么遗？个中原委，陈丹青已在后记中表明，我就不啰唆了。总之，文学课还没有上完，没过够瘾的同学自搬好板凳，准备听讲就是。

这一课，不再讲文学源流，只讲自己。自己讲自己，不好谈的，一般作者也不大会讲，招式剑法可以讲，自己功夫的来历，轻易怎么可以给人看，要出麻烦的。木心也推辞，但陈丹青他们一再恳求，于是答应了。当然要感谢陈丹青和他的同学，就像我们要感谢卡夫卡的那位朋友布罗德，嗯，也感谢宋以朗。

肉麻的话不多讲，木心开课了。

课有九讲，分别谈了十余篇自己的作品，虽然不多，但已然可以见到不少秘密，就像木心自己说的，这些可都是“杀手的拳，老师不教的——写作的秘密”。对写作有心的人来说，等于是路上捡到一本武功秘籍，且修炼着吧。对于不事写作，只是爱读木心的人来说，就好比是吃货进了高级饭店的后厨，可以一睹制作过程，这道菜为啥这么炒，为什么用橄榄油不用花生油，都是名堂呢。

比如，木心讲，文章中提到地名，不要只提一个，要有呼应，用小括号也是，用了就多用几个，要不然太孤单。文中最好不要用别人的话，要自己讲，讲得再不行，文章总是本色，炒青菜总是好的。还要用蒙太奇的手法，切换场景要自如。

如上种种，还有许多，虽是小处着眼，但都实实在在，一般文学课堂，没人会讲的。没人会讲的，还有木心自己的脾气和趣味。

比如他说，序也要好好写，要写成“蛋糕上的樱桃”。但序到底怎么写呢？写不出来怎么办呢？答：写不出——后来就写出来了。果然是嘛，后来就写出来了，还能怎样呢。

还有，比如第一讲开始，首先不是谈文章，而是讲访谈，具体说，是怎样接受采访。怎么接受采访呢？第一个问题，要用点力气答。过程当中，应有节奏，气势不能弱，不要落入陷阱，遇到笨问题，该骂就骂，但也不能刻薄，到最后，要收得住，回答好，即使是个小问题，也要大作，出一个有力的结尾。讲完这一通，木心说：“这篇访谈一出，再也没人来找我访谈了。”这是他自嘲，不知道听课的同学有没有笑。

论成果，文学史不知道怎么样，采访的对策和功力，陈丹青倒是一流的，莫不是原来也从这里来的？

以上种种，读得过瘾开心，但还有一个问题，是一根冰尖，不能不谈。就是题目所说的，假和真的问题。

木心有文《塔下读书处》，写他少年读书经历，以及和茅盾的关系，其中有一段是他去茅盾家拜访，与茅盾谈了一席话。讲到这里，木心说，这都是没有的事，对话往来，全是编的。还有一篇《童年随之而去》，主要写少年时随母亲上山做佛事的故事，其中有一段回忆家庭教师和他关于窑瓷的对话，也“全是假的”。这假的还有许多，很多对话，具体的场景，都是假的。这篇文章讲到最后，陈丹青恐怕也被这些“全是假的”震住了，末了一段，木心刚念完，便问，真的还是虚构的？木心回答，半真实。不知道当时陈先生是不是和我一般有点“蒙圈”了。

之前我是一贯相信，散文大抵是真实的。所以，每每看到某人文章，细节丰富，对话一句一句，流畅繁衍，总羡慕，人家记忆力真好。到底是怎样记住的？

原来啊原来，“全是假的”。木心讲：“老老实实写，没什么好写的。”

嗯哼，我还是太年轻了啊。

不只是长短的问题

《这些年》
作者：毛尖
出版社：东方出版社

上回在北京和朋友逛万圣书园和豆瓣书店，去的时候还是黄昏，出来已经是晚上九点，下到地铁里，个个手里一提书，像以前过年时人们手里拎着年货，一脸喜悦。

在南昌读书时也有一家书店，叫拾得，专售打折书，我每次在那里逛一下午，临走只买一两本，因为终究是学生，没有多少钱。看到结账处老先生一下抱走一二十本，心里好羡慕，现在自己也像那样提着一捆书，真心快活，一方面是买书，一方面是可以买书。

那天晚上，我回到酒店把书一一拆封，每本翻翻看看，像一个守财奴。临睡时，抓起毛尖的《我们不懂电影》，头也不回地看下去。还没看几篇，便被惹恼了，难道她真的不懂电影吗？谈《毒战》一半篇幅在讲H7N9（禽流感病毒），讲到《忠犬八公的故事》也还是禽流感切入，一路看下来，不像是电影随笔，倒像是新闻回顾。另外再读《有一只老虎在浴室》，并没有什么不同，一样的流行词汇，一样谈到的都是些当红的节目、电影、电视剧，一样的欢快气氛，读完好像什么也没有。

我不知道毛尖之前所写的电影随笔情况如何，如果仅就这两本，反正我是不喜欢。特别是海豚出版社又做出这样好看的布面精装，更是增加了心理落差。

这实在是一种教训，特别是写评论，或是依傍着书、电影所产生的文章，如果所要谈论的对象本身速朽，便是神人也难以搭救。

这里面还有一点可以扩展谈谈，就是写文章的切入点。毛尖这两本书常常以时事新闻切题，放在当天的报纸上，没有问题，但保质期短，几年以后再看，就很扎眼了。另外，词语的使用也是一样，当时的流行词很能引起读者的共鸣，等到那些词语本身已经死了，再来翻书，便是满纸尸骸，怪怕人的。

这两天从图书馆里借来另一本毛尖的书，是互读文丛的一种，叫《这些年》。从前一直有人跟我说毛尖写得好，之前我没看出来，这回读着读着，心里赞叹，发现了毛尖的好。这本书里收录的文章，不再以新闻切入，而是从自己讲起，谈到《安迪·沃霍尔的哲学》便记起年轻时候觉得安迪·沃霍尔特酷，谈《小团圆》先讲小时候读金庸。私人生活，总是比新闻更柔软，更适合进入文章。

读书，当是一本一本地读，但是谈书，最好能一本带出多本，不是显摆或者掉书袋，而是参差对照，找到观看一本书的不同视角，最浅层的作用，也可以丰富文本。毛尖的中外文学底子够厚，所以才可以信手拈来的串联，才可以让她活泼的文风有了舞台。到这里，才能信服董桥所说毛尖的机灵不虚，甚至让人嫉妒。

可是好景不长，《这些年》的后半本又进入了我不喜欢的节奏，过分紧密地挨着时事新闻，读起来憔悴。这里，关于写文章，又有一个问题值得注意——长短。前半本书，文章大多在两千字以上，读起来从容不迫，味道足，管饱。后面则是方便面，一口就吃干净，碗都不用洗，就忘掉这回事了。

前段时间，读到张佳玮说每日一千字的训练是很有必要，也很好的，但是，最好是两千字。千字久了，怕就长不了了。当然想到自己上面所说到的毛尖的好处，我还不曾有，但是毛病或缺陷，则一直都在。一是所写的文章，关注的也常常是速朽的东西，很容易消散，趋于徒劳；一是我所日日在这里聒噪的，恰恰正是一千字而已。

自己终究道行浅

《必须冒犯观众》
作者：李静
出版社：新星出版社

从深夜到拂晓，读李静的批评随笔集《必须冒犯观众》，心里有震动。这本书按年份编排，收录了她从2003年至2013年十年之间所写的文章，大多关于文学与戏剧。

我一向对批评家没有好感，因为这个行当里有太多人拿着文学理论的工具把作品大卸八块，写出来的文章没有可读性，对作品本身也没有一颗真心。现在，因为读过李静，我恐怕要纠正这一偏见了。

其实关于李静，2011年的时候就有耳闻，当年她出版了第一本批评文集《捕风记》，并获得华语文学传媒年度批评家大奖，我也在书店里遇到过这本书，但因为所谈论的是当代作家，本身没有兴趣，就没有细看，错过了。今次买来《必须冒犯观众》是想看看李静到底是谁，结果一看，却是让我不得不反躬自问：我是谁？

是的，读完这本书，李静对于各种书的评价，对王小波和木心的深爱，在我这里都不是最重要的，最重要的是，我看到一个用心用力真实写作的批评者，她的写作让我突然发现：一个人不可以这样轻盈，你必须站立到你的土地里去，才能有真正的力量。

在这个"意义蒸发"的年代，李静像堂·吉诃德面对着"风车"，一只长矛还是要挥舞出去，并且衣冠不乱，做一个真正的骑士。她强调，文学批评必须"持续不断地表述对美、真实、意义与自由的体验，对心灵形式和精神生活的个体性与复杂性的探索"。她也一直在这么做。

她对当代文学的现状感到失望，但是仍然写下了《2005年文学面孔》《2008年文学一瞥》《中国文学2012：长钙的一年》等文章，这些对当年中国文学的个人总结，现在回头来看，更显出价值。同时她还主编了十年《中国随笔年选》，留存时代中匆匆而过的闪光。这些工作，需要大量阅读，同时也需要“光亮、博识、澄澈、理解他人”。

她在许多文章里陈述批评的要义和边界，但在后记里却说：“经过十余年的批评写作，我才确切地知道自己并不适合批评写作。批评家需要轻盈、博识和系统知识，我的视线却沉重、集中，缺少对系统知识的兴趣。”她认为这本书里的文章“是一个作者的一己偏见，源于持续不断的执拗注视”。

她所言的偏见，在书中可以很清楚地找出脉络，她对王小波和木心的深爱，一点不掩盖，不遮饰，对于面目可憎的东西，也毫不吝啬批评。但我喜爱这种偏见，因为她来源于真心，并且，她功力深厚。读完她对王小波、张爱玲小说的解读，我想要赶紧重新去读一读它们，因为，“在他的解剖下，作品的轮廓愈发清晰，原来目光未及的地带也一一浮现；你对杰作的感应如难言之痒，却偏偏被他搔中；更重要的，你发现他的观念不是木乃伊，而是跟作品一样——有着摄人魂魄的肉身美感”。这本是她评价许志强的句子，但放在这里，也非常合适。

在市井间修炼成仙

《橄榄成渣》
作者：高军
出版社：浙江人民出版社

这年头，散文写得好看不做作，还有幽默感的，实在少之又少。女作家里面，发现了桑格格和李娟，男的这一头，看来看去，也只有风行水上老师符合标准。风老师原名叫高军，“60后”，住在合肥，是个画家，画得怎么样我不知道，一没看到过，二我也不懂，但他文章写得好，有目共睹，是朵奇葩。

为什么说他是奇葩呢？因为他真的是奇葩。我们来算一算，60年代生，风老师怎么也是坐四望五了，一般来说，这个年纪还在写文章写散文的人，要么就是专门作家，写作是职业，不写也干不了别的；要么就是政府官员，文化方面不管怎么样要抓一抓，写得好不好是另一回事；还有一种有点类似“民科”，认认真真写出厚厚一本，你拿过来看，字是很多，但内容就没法讲。

风老师可好，人家是画家，压根儿不混文学圈。虽然年纪也不小了，但一点没有文人迂腐气，既不假装忧国忧民，也不跟人打笔仗。你说画画的人，写东西干吗呢？写就写吧，还写这么好，噌噌就出了两本书，《橄榄成渣》已经是第三本了，真是的。

好像真是这样，散文这种东西，年轻人写来总是不够味，大叔上手，反而油盐尽入，下饭好，零食也好。要说道理，也不复杂，散文不像小说，插上想象的翅膀，就能飞上天空，散文写来写去写的是自己，写得好除了脑袋瓜子爽利，文笔佳，还要活得精彩。比如文艺女青年挚爱的三毛老师就活得精彩，撒哈拉呀，背井离乡呀，沙漠呀，你去试试？高尔泰先生散文写得荡气回肠，那是人家风风雨雨一辈子。当然，话不能说绝对了，就日常生活写得你无话可说的，也有周作人、汪曾祺等一辈人。

风老师不是走坎坷身世派路线的，他还就承着日常生活、民间市井的路子发扬光大了。民间市井，很容易误入歧途，要么写得过于注重传奇性，靠近《故事会》，要么就缩在胡同巷弄里出不来。风老师这俩毛病都没有，还另有一法宝，就是幽默。在本书的第一辑《橄榄成渣》中有十三篇文章，写的都是中年人，大多不得志，近于失败，如果不是幽默，文章就很容易写得悲情、凄苦，不平衡了。这一点徐晓老师的《半生为人》正好可以拿出来做个反面教材。

顺便多说一句，都是写“我有一个朋友”，为什么风老师写出来让人看得不舍得放下，而“一个”里面的文章总是催眠呢？这里面中年大叔优势、幽默感都是重点，还有一个是风老师的文字洒得开，像练大刀的，舞起来漂亮，还热闹，从标点符号就可以看出这一特点，问号、感叹号毫不避讳，该来就来。

说了这么多，好像风老师就是个搞杂耍的，图个热闹，赚个场面就完事了。如果误使你这样以为，那就是我的过错了。风老师在细微处的功夫也很厉害，他已在市井间修炼成仙。不信你看《一点传世的东西》这篇，写的是单元楼住的几户邻居，主要是张阿姨。张阿姨住楼上，在家里养了鸡，经常把灰啊脏东西啊什么的从阳台上弄下来，很烦人，父母和张阿姨干仗，“我”也去帮忙，手里揣着祖传的一只蓝花碗把张家的女儿头打破了，这时候，剧情正紧着呢，风老师倒写起那只碗来了，“这只蓝花碗上画着一个渡河的老渔翁，船上坐着两个小孩”。看到这里的时候，我几乎要拍手了，闲笔不闲，真高手。

好吧，继续讲这故事，干仗不只一家，还有老马家养鸽子，也烦人，如果落到阳台上，必定用手把它捏死，这都是“我”小时候的事了。后来“我”长大了，张阿姨老了，爱上了捡破烂，女儿和儿子都出去不经常回来。老马家二儿子接替了老子，天天楼顶上放鸽子，日子继续过下去。再后来张阿姨夏天舍不得开电风扇热死了，女儿住了回来，像张阿姨一样泼辣抠门。这就是那点传世的东西。风老师最后说：“人真是一种很奇怪的动物，先是愤恨一种生活方式，但当他在这种生活方式中浸淫日久之后，不知不觉这种生活方式就成了他的一部分，除此之外他想不出来日子还有另外一种过法……可能某一时期，我们瞧不上父母的活法，但不知不觉我们越来越活得像自己的父母。”你瞧，风老师总结起生活来，也是一针见血的。

《一点传世的东西》是第一辑的最后一篇，后面还有在人间、异谭、风物绘三辑。“在人间”市井味最浓，有教你怎么写状子告倒别人的《我的文学才华》，有窗户上看人家打架的《功夫在民间》，还有路上看热闹的《夜戏》，都是生活里的小事，但写得有意思不说，还有一种“生活啊生活真美好”的感觉。

“异谭”顾名思义，写的是一些鬼啊怪啊的奇谭，这也是中老年人写作优势，小年轻们这种传说听得都少了。“风物绘”文章较短，来了许多典故，掉起了书袋，不过不讨厌。

窥视作家的宅邸

《文豪之家》
作者：[日]高桥敏夫 / [日]田村景子 主编
译者：王雯婷 / 孙莹双 / 王景
出版社：新星出版社

钱锺书说，吃了一个鸡蛋，味道很好，未必要认识那只母鸡。这句话流传甚广，被许多人奉为宗旨，认为作品第一，作者是谁并不重要。但这种说法实在有点反人性，你想，在茫茫蛋海中好不容易遇见一个好吃的鸡蛋，兴奋不已，难道你不想见识一下创造美好事物的本尊长什么样吗？往务实了说，如果你以后还想吃这样好吃的鸡蛋，把那只母鸡找出来不是一种最佳保障吗？

人类的八卦之心源远流长，和推动人类社会进步的好奇心同根同源，基本无法戒除。我就特别爱看作家们的书信和日记，文学享受是一方面，八卦心理满足也是一方面，这里面能看到许多真实生活的细节，和在作品中不曾流露出的脾性。如果你有过恋爱经历应该懂得，喜欢上一个人，就想要了解她的方方面面，读者对作品对作者，也是一样的。

爱到深刻的，甚至会为他写一本传记，去他去过的地方，吃他吃过的食物，看他看过的风景。陈丹青在《无知的游历》里面写他去俄罗斯，直奔列夫·托尔斯泰的墓园，哪怕只是看看他居住过的房子，在墓地前走走、站站，也是一种敬意的表达，更是一种不可能到达却意味深长的交流。

另有一本书叫《张爱玲城市地图》，作者淳子走访了张爱玲曾经住过的每一所房子，也许它们已经面目全非，但她仍然寻到了些许细节。这本书可能对于张爱玲的研究来说微不足道，但对于作者自己必定有特别意义，对读者来说，通过房子，通过物件，我们更能确定作者与我们的关系。也许这是一种不正常的迷恋，可不论是迷恋还是癖好，皆是你与世界发生关系的证据，是你活得自由独特的通道。

如果你热爱日本作家，对20世纪上半叶的日本作家群情有独钟，那么，这本由高桥敏夫和田村景子主编的《文豪之家》很能满足一番你的好奇心（或者说八卦欲望）。这本书通过照片与文字，充分展现了包括夏目漱石、江户川乱步、谷崎润一郎、松本清张在内的三十六位日本作家的私人宅邸。

从一栋栋宅子，一间间房间去认识一个作家，和从他们的作品出发去认识，是不一样的体验，作品是康庄大道，而宅邸、生活起居则是一条与众不同且颇具趣味的小径。小径不一定必不可少，但往往也曲径通幽。比如在这本书里，你会发现夏目漱石一生都是租房而居，而谷崎润一郎不仅是搬家狂人，还对居所要求很高，行事颇为奢侈。

本书配以大量图片，充分直观地让你看到作家之家的真实样貌，但同时，文字介绍比较生硬，也许是收录过多人物，反而不像陈丹青或淳子，是出于对某个作家的热爱，写得更动情，也更打动人。

阅毕整本书，给我印象最深的地方是他们住所的美，几乎每一户都是独门独栋的日式传统建筑，有院子，有树有草，特别是谷崎润一郎和小泉八云的家，简直赶得上园林了，其内部陈设也相当简静，草席、矮桌、台灯、纸笔，没有现代的污染。如果作者有意，最好能再出一本当代作家的宅邸，不知会是什么模样？想必都住在单元楼里，气派也就大不相同了。

这些宅子都保存完好，很多有“××旧居”的门牌。想到国内的那一批民国作家们，与这本书里所列的作家同处一个时代，不知道他们的家都长什么模样，有心之人，也不妨编一册中国“文豪之家”，想必也是有很多人爱看的。只怕很多房子现在都不在了，那就不好办了。

请受毛姆大叔的黯然销魂掌

《总结：毛姆写作生活回忆》
作者：[英]威廉·萨默塞特·毛姆
译者：孙戈
出版社：译林出版社

毛姆的《总结》是一本坦诚的书，刻薄，有一点唠叨，同时也充满智慧。写这本书的时候，毛姆六十四岁，离他真正离开这个世界还有二十七年。但此时他已经完成了一生中最重要的作品，那些我们耳熟能详的譬如《人性的枷锁》《刀锋》《月亮与六便士》。人到晚年，毛姆大叔打算写一本不是自传的自传，来整理自己关于生命历程中特别感兴趣的事物的想法。

他说写这本书是为了将灵魂从某些观念中解放出来。也就是说，这是一本以议论而不是以叙述为主的随笔，虽然间或也提到了身世经历，比如早年失去双亲，在伯父家长大，比如参加过战争，曾做过间谍，但是真正闪着光、花着力气写下来的，是对写作、对戏剧、对小说、对人生、对哲学、对生命的种种看法和观念。

毛姆向来以刻薄出名，笔下能看得上的作家没有几个，批评这个，批评那个，同时也不放过自己，著名的“毛姆是二流作家”这个论断就是他自己下的。当然，他的前提是二流作家里的一流。这不是谦虚，而是一种态度，一种不给对手还手余地的先行一步，自知之明是一回事，自己先把自己贬低了，再来说你，你还有什么话说？

毛姆“傲娇”，他多次提到自己的缺点，诸如长得矮小、没什么体力、口吃、害羞、身体不好、没有游戏细胞、没有那种刚认识就可以向别人展示的迷人之处等等，一方面是真的乏于此道，另一方面也可看出他的不屑之意。

他知道自己的缺陷，但同时也爱着它们。

他说，他没什么抒情的特质，他词汇量少，能够做出的扩大词汇量的努力对我不太有效，他于隐喻几乎没有什么天赋，也很少独创出令人印象深刻的明喻，涌动的诗意和了不起的想象皆在我的能力之外。但是，他拥有敏锐的洞察力，他能够把自己所看到的用清晰的词语写下来，他有富于逻辑的感受力，即使对于文字的丰富和奇异也没什么了不起的感觉。

“我不照自己的愿望写作，我照自己的能力写作。”多狂妄，多诚实。

当然，毛姆也不总是这样没好气，在本书的前三分之一，他就认认真真地谈论了好的文学应该具备什么要素。他从自己出发，将目标定在了清晰、简洁、悦耳上。

他说，人们写得晦涩，要么是因为他们没有不辞辛苦地学习怎样写得明白；要么是作者自己对自己的意思都不十分确定。而表达清晰是写作的第一件要事。简洁不必细说，一向被认为是好文章的必备要素，他把悦耳放进来，倒很是不一般。虽然文字的音乐感早有人提到，但将它放到重要位置，毕竟不多。

认真结束，毛姆继续谈论着种种，一针见血，毫不掩饰。

他说，他知道苦难无法使人更高贵，反而使人更卑微。它使人自私、猥琐、狭隘、猜忌。

他说，除非你从中得到享受，否则没有什么阅读是值得的。

他说，写写散文和诗，是很多年轻人的本能，那只是出于年轻时的精力旺盛，并不比儿童在沙子上建造城堡更有意义。

他说，读一千本书并不比犁一千片地更有价值。能够正确地画出一幅画也不比找出熄火的汽车毛病出在哪里更有功用。知识分子愚蠢的偏见在于认为只有他们的知识才是起作用的。

他不必为这些言论可能会得罪读者而感到难过，因为在书的开头，他一早就写道："本书一定是以自我为中心的。"

他从来不对别人抱有大期望，一再重申：不从别人身上期望太多是对的。别人待你好，你应该表示感谢；待你不好，也要镇定自若。正因为缺乏想象力，所以他们除了从自己的观点出发以外，不能以其他观点看待事物；但因为他们缺少这种能力就对他们生气，就不够通情达理了。（多么对，又多么"傲娇"啊！）

读毛姆的这本书，时不时会被针刺到，无力回击。比如他说，评判一本书不是我的分内事，我的分内事是像变形虫吸引异体微粒一样从书中吸取能吸取的东西，我无法吸取的东西与我无关。而写书评的害处很多，作家除了和他直接有关的书外，没有时间读其他任何书，这样阅读成百上千本书不是为了从中获取精神上的收益，而只是为了对它们做出合理诚实的报道，这种随意的阅读麻木了他的感受力，阻碍了其自身想象力的自由流动。

我所做的正是“书评勾当”，被他这么当头一棒，悻悻然缩回了手脚。

他又说，艺术的悲剧之一就是广大的人群被这种短暂的丰产所误导，而努力投身于创造。等到他们年长，创造力便弃他们而去，他们面临的是漫长的枯淡岁月。

哎，挑剔的作家继续发表着自己的看法，偏见且杀伤力十足。而我，还是先好好思考一下上面的那个问题吧。

后记

我原本并没有计划要写书评，只是因为喜欢读书，记性又不好，读完书总要记几笔。有时候读到好书，也想吆喝一声，让朋友都来看看。这样，就写了一篇又一篇，一年又一年，写到出了一本书，现在，竟然又要出第二本。这当然得感谢读者的支持，若不是你们，可能我的人生轨迹会完全不一样。

去年第一本书出版后，我经历了很多第一次，比如第一次把自己的名字写在书的扉页上送给别人，一开始很不好意思，但看见对方高兴，我也高兴；比如第一次在一个月之内，往返四五个城市，和不同的读者见面，说真的，那样匆匆忙忙的感觉，倒也不错，好像生活紧锣密鼓，热热烈烈的。

后来，生活归于平静，回到自己的房间，读书，写作，很寂寥也很满足。读书，本来就是一件幸福的事，虽然很多人讲，书评是速朽的东西，是末流中的末流。不错，确实是这样，但也没有什么不好，万世苍苍，不是人人都要成为英雄，也不是每一件发明都必须改变时代。小道，未尝不是道；末流，也是流。能够做着自己喜欢做的事情，好好地生活，有滋有味地读点书，已不负这大好时光。

《读在大好时光》的书名和主题是我的编辑邝芮建议的，他在出版上给了我很多帮助，我觉得这名字好听，也很有意思。我们生活在这个时代，在科技的帮助下节省了很多时间，从北京到上海只需要五个小时，再也不是“车、马、邮件都慢”的从前了。

不过我们节省出来的时间，用来做什么呢？人们发明了更为有效的“杀时间”工具，比如游戏、网剧、综艺……回头想想，时间可能是我们唯一重要的东西，所以怎么花这些自由支配的时间，才是生活的意义。我选择在这大好时光与书相伴，这其中的趣味，你读完书或许也就懂得了。

《独立日：用一间书房抵抗全世界》是我的上一个开始，这本书，可能是我又一个开始。关于书的一切，我会在这个“在读Reading”系列里跟读者进一步交流，也希望大家能继续支持，一起感受在读之乐。

图书在版编目（CIP）数据

读在大好时光 / 魏小河著 . — 北京 : 生活书店出版有限公司，2016.10（2017.1）
ISBN 978-7-80768-167-0

Ⅰ . ①读… Ⅱ . ①魏… Ⅲ . ①书评 – 中国 – 现代 – 选集 Ⅳ . ① G236

中国版本图书馆 CIP 数据核字 (2016) 第 228754 号

策 划 人　邝　芮
责任编辑　邝　芮
内文摄影　唐宁书店
封面设计　罗　洪
责任印制　常宁强

出版发行　生活書店出版有限公司
（北京市东城区美术馆东街22号）
邮　　编　100010
经　　销　新华书店
印　　刷　北京顶佳世纪印刷有限公司
版　　次　2016年10月北京第1版
2017年1月北京第2次印刷
开　　本　787毫米 × 1092毫米 1/32　印张8.25
字　　数　150千字　图52幅
印　　数　15,001—25,000册
定　　价　38.00元
（印装查询：010-64059389；邮购查询：010-84010542）